Sauerland
Reisehandbuch

Michael Kaub

Westflügel Verlag

Bibliografische Information der Deutschen Bibliothek:
Die Deutsche Bibliothek verzeichnet diese Publikation in der Deutschen Nationalbibliografie; detaillierte bibliografische Daten sind im Internet über http://dnb.ddb.de abrufbar.

Impressum
© 2009 Westflügel Verlag, Essen
ISBN: 978-3-939408-06-2
Text: Michael Kaub
Lektorat: Karsten-Thilo Raab
Layout: Ulrike Katrin Peters
Alle Informationen stammen aus zuverlässigen Quellen und wurden sorgfältig geprüft und recherchiert. Für ihre Vollständigkeit und Richtigkeit kann jedoch keinerlei Haftung übernommen werden.
Der Nachdruck, auch auszugsweise, sowie die Verbreitung durch Film, Funk, Fernsehen und Internet, durch fotomechanische Wiedergabe, Tonträger und Datenverarbeitungssysteme jeglicher Art ist ausdrücklich nur nach vorheriger schriftlicher Genehmigung durch den Westflügel Verlag gestattet.

Liebe Leserinnen und Leser,
wir freuen uns, Ihre Meinung zu diesem Reiseführer zu erfahren.
Bitte senden Sie Ergänzungsvorschläge, Anregungen und Korrekturvorschläge an den

Westflügel Verlag, Lotharstraße 1, 45131 Essen.
Weitere Informationen zum aktuellen Verlagsprogramm finden Sie im Internet unter:
www.westfluegel-verlag.de

Inhalt

Willkommen im Sauerland 5
Das Sauerland und seine
Menschen 6
Geografie 6
Klima 8
Flora 10
Fauna 11
Land und Leute 12
Geschichte 14
Wirtschaft 15
Kultur 16
Persönlichkeiten 18
Essen und Trinken 22
Sport 24
Ein Muss für alle Besucher 25
Wanderwelten 26
Winterfreuden 31
Wellness und Nervenkitzel 36
Radelnd unterwegs 42
Sauerland unter Tage 46
Techn. Kulturdenkmäler 50
Im Sauerland unterwegs 54
Der Westen: Märk. Kreis 54
Altena 55
Balve 58
Halver 60
Hemer 61
Herscheid 62
Iserlohn 66
Kierspe 68
Lüdenscheid 70
Meinerzhagen 74
Menden 76
Nachrodt-Wiblingwerde 79
Neuenrade 81
Plettenberg 83
Schalksmühle 86
Werdohl 89
Der Süden: Kreis Olpe 89
Attendorn 90
Drolshagen 92
Finnentrop 93
Kirchhundem 95
Lennestadt 97
Olpe 98
Wenden 100
Der Osten: Hochsauerland 102
Arnsberg 103
Bestwig 105
Brilon 107
Eslohe 109
Hallenberg 111
Marsberg 113
Medebach 115
Meschede 116
Olsberg 118
Schmallenberg 119
Sundern 121
Winterberg 123
Das hessische Upland 124
Diemelsee 124
Willingen 126
Der Norden: Der südliche Kreis
Soest 128
Möhnesee 129
Rüthen 130
Warstein 133
Feste und Veranstaltungen 135
Sauerland zum Mitnehmen 137
Anreise 140
Nützliche Adressen 141

Willkommen im Sauerland

Mit einem Meer aus Grün empfängt einen das „Land der tausend Berge". Laub- und Nadelwälder bedecken mehr als die Hälfte der Region mit ihren fünf Naturparks. Auf dem gut ausgebauten und beschilderten Wegenetz können Wanderer die Wälder, Berge und Täler erkunden. Vom bequemen Spaziergang an einem der zahlreichen Seen bis zur anspruchsvollen Tour über den 154 Kilometer langen Rothaarsteig ist alles möglich. Und auch bei Radfahrern erfreut sich das Sauerland großer Beliebtheit, reicht doch das vielfältige Angebot vom familienfreundlichen Radwandern bis hin zum anspruchsvollen Mountainbikeparcours. Mehrmals im Jahr ist die Region Schauplatz bedeutender Events der Biker-Szene. Das Sauerland ist allerdings auch im Winter ein attraktives Urlaubsziel. Wenn von Dezember bis März die Höhen des Sauerlandes oberhalb von 800 Metern vom Schnee bedeckt sind, lockt die größte Wintersportregion nördlich der Alpen mit vielfältigem Skispaß für Snowboarder, Skifahrer und Rodler. Wie rasant es durch den Eiskanal der weltbekannten Winterberger Bob- und Rodelbahn geht, kann man bei einer Fahrt im Taxi-Bob selbst hautnah erleben. Zu jeder Jahreszeit bieten die Städte eben weit mehr als Ruhe und Erholung. Kinder werden es gerne lesen und hören, dass es in den 39 Städten und Gemeinden des Sauerlandes nicht nur Wanderwege gibt. Kleine und große Entdecker können Höhlen mit Taschenlampen erkunden, mit einer Grubenbahn in den Berg einfahren oder im Freizeitpark ebenso wie in Deutschlands erster Wasserloopingrutsche auf dem Kopf stehen. Auf, zwischen und in den Bergen, mehr als 2500 über 400 Meter gibt es, fasziniert das Sauerland mit einer Vielfalt an reizvollen Seiten. Zwischen Möhnesee im Norden, Wenden im Süden, Halver im Westen und Marsberg im Osten warten die Städtchen mit kulturellen Kleinoden wie bedeutenden Kirchenbauten, technischen Denkmälern, historischen Altstädten oder Burgen auf. Und auch das Genießen kommt nicht zu kurz: Ob schmackhafter Käse, saftiger Knochenschinken, erstklassige Korn- und Obstbrände oder ein frisches Bier, für das die Sauerländer Brauereien weltweit bekannt sind. Ob kulinarisch, kulturell oder sportlich: Das Sauerland hat für jeden Geschmack etwas zu bieten.

Der Hexenturm in Menden mit Karnevalsmuseum.

Das Sauerland und seine Menschen

Geografie

Der weitaus größte Teil des Sauerlandes liegt im Südosten von Nordrhein-Westfalen. Dieser umfasst im Westen den Märkischen Kreis, im Süden den Kreis Olpe, im Osten den Hochsauerlandkreis sowie im Norden den Südrand des Kreises Soest. Eine kleine Fläche im östlichen Teil des Hochsauerlandes um Willingen liegt im so genannten hessischen Upland. Das waldreiche Sauerland umfasst eine Gesamtfläche von rund 4000 Quadratkilometern. Die höchsten Erhebungen im „Land der tausend Berge" sind der Langenberg (843 m) zwischen Willingen und Niedersfeld, der Hegekopf (842 m) südlich von Willingen und der Kahle Asten (841 m) bei Winterberg. Letzterer ist der weitaus bekannteste Berg des Sauerlandes und wird oft fälschlicherweise als höchster Berg Nordrhein-Westfalens bezeichnet. Aus den zahlreichen Quellen in den Bergen, die in heißen Sommern willkommene Erfrischung für Wanderer bieten, entspringen gleich mehrere Flüsse. Bekannteste und leicht zugängliche Quellen sind die der Ruhr und Lenne in Winterberg sowie der Volme in Meinerzhagen. Im Einzugsgebiet vieler Flüsse liegen zahlreiche Talsperren, die im Herbst und Winter das Wasser speichern, um es im übrigen Jahr kontrolliert ablaufen zu lassen. Auf diese Weise dient das Sauerland dem Ruhrgebiet als Reservoir für Trinkwasser und Wasser für die Industrie. Die größten Seen sind der Biggesee, der Möhnesee, die Versetalsperre, der Hennesee und der Sorpesee. In besonders trockenen Sommern ergibt sich für Touristen wie Einheimische ein seltenes Bild. Dank des niedrigen Wasserstandes werden Reste alter Bebauungen und Straßen von Dörfern sichtbar, die den Talsperren weichen mussten und unter Wasser versunken sind. Bei der Bevölkerungsdichte ergibt sich ein deutliches West-Ost-Gefälle. Während der industriell geprägte Märkische Kreis (rund 420 Einwohner pro qkm) mit starkem Bezug zum südlichen Ruhrgebiet nur wenig unter dem Durchschnitt für Nordrhein-Westfalen liegt, ist dieser im Hochsauerland (rund 140 Einwohner pro qkm) deutlich niedriger. Dieses Bild spiegelt sich auch bei den Einwohnerzahlen der Städte wieder. Iserlohn ist mit rund 96.000 Einwohnern die größte Stadt des Sauerlandes, gefolgt von Lüdenscheid mit rund 78.000 Einwohnern. Größ-

Echte Sauerländer vor dem HistorischenIserlohner Rathaus.

Das sauerländische Klima erlaubt sommers wie winters Bobfahren.

te Stadt im Hochsauerlandkreis und Sitz des gleichnamigen Regierungsbezirks ist Arnsberg mit rund 76.000 Einwohnern, während die Kreisstadt Meschede auf rund 32.000 Einwohner kommt. Größte Stadt im ist Lennestadt mit rund 28.000 Einwohnern.

Klima

Allgemein wird das Sauerland von einem gemäßigten Klima mit meist aus südwestlicher Richtung kommenden Winden gekennzeichnet. Wobei die klimatischen Bedingungen in den jeweiligen Regionen und Höhenlagen des Sauerlandes sehr unterschiedlich sind. Mit den warmen Luftmassen strömt auch das ganze Jahr hindurch feuchte Luft vom Atlantik ein. Mit der Folge, dass es an den Nordrändern und den Hochlagen des Sauerlandes mehr regnet als in den übrigen Regionen. So beläuft sich die jährliche Niederschlagsmenge in den Hochlagen auf bis zu 1400 Millimeter, an den Nordrändern auf bis zu 1100 Millimeter und im restlichen Sauerland auf durchschnittlich 800 Millimeter. Besonders deutlich werden diese Unterschiede in der Medebacher Bucht, die zu Recht den Beinamen „Toskana des Sauerlandes" trägt. Aufgrund ihrer Lage im Regenschatten des bis zu 800

Meter hohen Rothaargebirges regnet es hier weniger und scheint häufiger die Sonne als im übrigen Sauerland. In den Wintermonaten ergibt sich in den einzelnen Regionen des Sauerlandes ein ähnliches Bild. Während die feuchte Atlantik-Wetterlage den Hochlagen reichlich Schnee beschert und es in Winterberg rund 100 Tage mit einer geschlossenen Schneedecke gibt, sind es in Arnsberg gerade einmal 40 Tage. Aufgrund der allgemeinen Klimaerwärmung waren selbst die höchsten Lagen des Sauerlandes in den vergangenen Jahren nicht immer schneesicher. Dank des Einsatzes zahlreicher Schneekanonen kommen Wintersportler aber auch in schneearmen Monaten weiterhin auf ihre Kosten. Die mittleren Temperaturen liegen im Winter zwischen minus 2 und 5 Grad Celsius, im Sommer bei 15 bis 17 Grad Celsius. Im Sommer steigt das Thermometer an bis zu 100 Tagen über 25 Grad, so dass die zahlreichen Seen zu einem Sprung ins erfrischende Nass einladen. Aufgrund seines günstigen und angenehmen Klimas kann das Sauerland das ganze Jahr hindurch sehr gut bereist werden. Frühjahr und Herbst gelten als die schönsten Jahreszeiten für einen Sauerlandurlaub.

Die Flora zeigt sich nicht nur im Herbst von ihrer schönsten Seite.

Während im Frühjahr die Wiesen mit einer wahren Blütenpracht bezaubern und die Wälder frisches Grün tragen, bezaubern im Herbst die Wälder mit einer Farbpracht so weit das Auge reicht.

Flora

Es ist wahrlich nicht zu übersehen: Bäume prägen in allen Regionen das Sauerland. Während Ende des 19. Jahrhunderts Mischwälder mit Eichen, Buchen und Nadelbäumen das Landschaftsbild prägten, wurden nach ausgeprägten Kahlschlägen in weiten Teilen Monokulturen mit Fichten gepflanzt. Aufgrund des schnellen Wachstums der Fichten können diese bereits nach rund 70 Jahren wirtschaftlich genutzt werden. Mit Zunahme der Herbst- und Winterstürme in den vergangenen Jahren zeigte sich aber, dass die immer noch vorherrschenden Monokulturen den Stürmen nichts entgegen zu setzen haben. Als der Orkan „Kyrill" am 18. Januar 2007 durch das Land tobte, wurden rund 28.000 Hektar Wald zerstört. Für viele Waldbauern eine ökonomische Katastrophe. Ökologisch aber eine Chance zum Wandel. Viele vom Sturm gerodete Flächen werden mit standortgerechten Bäumen aufgeforstet und damit stabile Mischbestände geschaffen. Ein beeindruckendes Bild von der Zerstörungsgewalt des Orkans „Kyrill", aber auch ein Eindruck davon, wie die Natur mit solch einem Ereignis um geht, zeigt der eingerichtete Kyrill-Pfad am Rothaarsteig in Schmallenberg-Schanze. Über das dreieinhalb Hektar große Areal, das nach dem Sturm unangetastet blieb, führen Holzstege. Ein Teil des Weges wurde barrierefrei angelegt, so dass auch Behinderte und Familien mit Kleinkindern einen Blick auf das Gelände werfen können. Ein gänzlich anderes Landschaftsbild bieten die Heidelandschaften des Sauerlandes. Entstanden sind sie aufgrund einer ständigen Beweidung mit Kühen, Ziegen und Schafen, welche die natürliche Waldverjüngung verhinderte und der Heide ideale Wachstumsbedingungen verschaffte. Eine der bekanntesten und ältesten Hochheiden findet sich am Kahlen Asten. Sie steht seit 1965 unter Naturschutz und besteht wie andere Hochheiden auch vornehmlich aus Heidelbeere, Heidekraut und Drahtschmiele. Im Sommer, wenn die Beeren reifen, streifen viele Besucher mit Eimern und Körben durch die Hochheide. Im Astenturm existiert eine Ausstellung, welche die Entstehung des Gebietes erläutert. Bei Wanderungen

Eine Wohltat für die Seele: Auf Wanderungen findet das Auge immer wieder Ruhepunkte.

kann der aufmerksame Wanderer immer wieder Pflanzen entdecken, die man im Sauerland nicht vermuten würde. Zahlreiche Orchideenarten sind hier beheimatet und die Blütenteppiche von Märzenbechern oder Buschwindröschen sind eine wahre Augenweide.

Fauna

Die landschaftliche Schönheit mit idyllischen Tälern, Bergketten, Wiesen und Feldern wissen auch zahlreiche Tierarten zu schätzen. Mit etwas Glück können Wanderer auch scheue Tiere in freier Wildbahn beobachten. Im Wildwald Voßwinkel, der im gleichnamigen Arnsberger Ortsteil liegt, lässt sich dieses Glück ein wenig erhöhen. Heimische Wildtiere können hier in ihrer natürlichen Umgebung erlebt werden. Von den Wegen und Beobachtungskanzeln können das ganze Jahr über Muffelwild, Rotwild und Damwild beobachtet werden. Im Herbst bietet sich das beeindruckende Schauspiel der Hirschbrunft, die hier hautnah miterlebt werden kann. Bei den Raubtieren sind der Fuchs, der Dachs und der Marder weit verbreitet, die allerdings selbst aufmerksamste und ganz stille

Naturfreunde nur selten beobachten können. Die Vogelwelt besticht durch zahlreiche Arten. An Teichen, Bächen und Flüssen sind Fischreiher, Stock- und Reiherenten anzutreffen. Auch Greifvögel wie der Sperber, der Turmfalke und der seltene Wanderfalke sind hier beheimatet. Der Wanderfalke galt in den siebziger Jahren in Nordrhein-Westfalen bereits als ausgestorben. Seit einigen Jahren hat er an den Bruchhauser Steinen bei Olsberg das einzige Brutvorkommen an einem Naturfelsen in NRW. Um selten gewordene oder vom Aussterben bedrohte Tiere zu schützen und ihren Bestand zu sichern, wurden zahlreiche Naturschutzgebiete geschaffen. Sie sollen gewährleisten, dass die natürlichen Lebensräume erhalten bleiben und gefördert werden. Seitens des Landes Nordrhein-Westfalen gibt es Bestrebungen, den Naturpark Arnsberger Wald in einen Nationalpark umzuwandeln. Das in Frage kommende Waldgebiet umfasst rund 8000 Hektar und erstreckt sich über die Kommunen Warstein, Arnsberg, Meschede und Möhnesee. Es wäre die erste Region im Sauerland, welche die strengen Kriterien eines Nationalparks erfüllen würde. Im Naturpark Arnsberger Wald sind viele bedrohte Tier- und Pflanzenarten heimisch.

Land und Leute

Die Einwohnerzahl des Sauerlandes liegt heute bei etwa 900.000, wobei davon 440.000 im Märkischen Kreis, 270.000 im Hochsauerlandkreis, 140.000 im , 40.000 im südlichen Kreis Soest sowie 10.000 im hessischen Upland leben. Im Jahr 1950 lebten im Sauerland 700.000 Menschen. Während der industriell geprägte Märkische Kreis nach dem Zweiten Weltkrieg einen deutlichen Bevölkerungszuwachs erlebte, blieb der Hochsauerlandkreis bis heute eher dünn besiedelt. Einzig der Arnsberger, Neheimer und Hüstener Raum erlebte eine ähnliche Entwicklung wie der Märkische Kreis. Die durchschnittliche Bevölkerungsdichte liegt mit 140 Einwohnern pro Quadratkilometer im Hochsauerlandkreis deutlich unter der des Landes Nordrhein-Westfalen, die bei 530 Einwohnern pro Quadratkilometer liegt. Mitte des 19. Jahrhunderts kam es wie in vielen Regionen Deutschlands zu einer Auswanderungswelle nach Nordamerika, später in die umliegenden Industriegebiete. Betroffen waren hiervon insbesondere der Hochsauerlandkreis und der . Seit einigen Jahren sinken in allen Kreisen des Sauerlandes die Einwohnerzahlen.

Jedem Dorf sein Fest - und jedem Dorfbewohner und Gast sein eigenes Vergnügen.

Laut offiziellen Erhebungen gehört die Mehrheit der Sauerländer dem evangelischen und katholischen Glauben an. Wobei die evangelischen Landeskirchen im Märkischen Kreis besonders stark vertreten sind. In den übrigen Kreisen, insbesondere im und Hochsauerlandkreis, dominiert der römische Katholizismus. Heimatpflege wird im Sauerland groß geschrieben, vor allem die Bräuche um die Schützenvereine und die damit verbundenen Feste werden gepflegt. In den Sommermonaten werden die Schützenfeste, die bei Alt und Jung gleichermaßen beliebt sind, gefeiert und dabei der neue König oder – seit einigen Jahren in verstärktem Maße – die neue Königin ermittelt. Häufig sind in einer Stadt oder Gemeinde gleich mehrere Schützenvereine oder -gesellschaften beheimatet.

Geschichte

Einzelne Funde bei Ausgrabungen deuten darauf hin, dass das Sauerland bereits in der Altsteinzeit besiedelt war. Aus der Zeit des Neandertalers wurden unter anderem Funde in der Balver Höhle entdeckt. Die zahlreichen Höhlen des Sauerlandes wurden über einen langen Zeitraum von den Menschen aufgesucht, so dass aus diesen zahlreiche bedeutende Funde stammen. Der älteste Kupferfund des Sauerlandes, ein rund 4.300 Jahre alter Dolch aus der Glockenbecherzeit (2500 bis 2000 v. Chr.), stammt aus der Warsteiner Bilsteinhöhle. Auch in der Bronzezeit war das Sauerland bewohnt, das zeigen zahlreiche Grabhügel. Keltische Stämme hinterließen verschiedene Spuren im Sauerland. Ein bekanntes Beispiel ist die Wallburganlage an den Bruchhauser Steinen, die an einer Stelle zur Veranschaulichung rekonstruiert wurde. Ende des 8. Jahrhunderts, zur Zeit Karls des Großen, taucht erstmals der Name Westfalen für die Region rechts des Rheins auf. Der Begriff „Sauerland" wird urkundlich erstmals Mitte des 13. Jahrhunderts erwähnt. Im 11. Jahrhundert entstanden zahlreiche Herzogtümer und Grafschaften. Drei davon konkurrierten um die Vorherrschaft im Sauerland. Das östliche Sauerland gehört zu der Zeit zur Grafschaft Arnsberg, das westliche zur Grafschaft Mark und der Norden um Warstein zum kölnischen Herzogtum Westfalen. 1180 kam es zum Sturz Heinrichs des Löwen und damit zur Aufteilung des Herzogtums Sachsen. Dem Erzbistum Köln wurden dabei große Gebiete des Sauerlandes zugesprochen. Ende des 14. Jahrhunderts konnte sich Köln schließlich auch um das Erbe der Grafschaft Arnsberg durchsetzen. Dies änderte aber nichts mehr an der starken Position der Grafschaft Mark. Hatten diese doch ihrerseits mit der Schlacht von Worringen im Jahre 1288 deutlich mehr Einfluss in der Region gewonnen. Bis heute gibt es das märkische Sauerland und das ehemals kurkölnische Sauerland. Anfang des 17. Jahrhunderts fielen die Besitzungen der Grafen von der Mark durch Erbfolge an Brandenburg-Preußen. Nach den Napoleonischen Kriegen und einer kurzzeitigen Zugehörigkeit zu Hessen-Darmstadt sorgte der Wiener Kongress 1816 dafür, dass das Sauerland wieder preußisch wurde. Im 19. Jahrhundert entwickelte sich das Sauerland im Zeitalter der Industrialisierung deutschlandweit zu einem der wichtigsten Wirtschaftsstandorte. Während des Nationalsozialismus gehörte das Sauerland zum „Gau Westfalen Süd", das in etwa dem heutigen Gebiet des Regierungsbezirks Arnsberg entsprach. Seit 1946 gehört das Sauerland zum ein Jahr nach dem Ende des Zweiten Weltkriegs neu gegründeten Bundesland Nordrhein-Westfalen. An der Einteilung der Kreise, die seit 1816 fast unverändert Bestand hatte, änderte sich erst etwas mit der großen Gemeindegebietsreform, die im Kreis Soest 1969 und den übrigen Kreisen 1975 in Kraft trat. Dabei wurden zahlreiche vorher selbstständige Orte zu größeren Gemeinden zusammengelegt und den beiden neu gegründeten Kreisen, Märkischer Kreis und Hochsauerlandkreis, zugeschlagen.

Wirtschaft

Zahlreiche bedeutende Unternehmen haben im Sauerland ihren Sitz. Das ist unter anderem auf die sehr frühe industrielle Expansion der Region zurückzuführen. Zu Beginn des 19. Jahrhunderts war die märkische Region eines der weltweit größten Industriegebiete. Iserlohn war zu jener Zeit die bedeutendste Industriestadt Westfalens und eine der reichsten Handelsstädte Preußens. Erz-, Schiefer- und Holzindustrie prägten und prägen zum Teil bis heute das Land. Während die märkische Region also bereits sehr früh auf die Industrieproduktion setzte, blieb im Hochsauerlandkreis diese Entwicklung lange Zeit auf den Arnsberger Raum beschränkt. Seit Ende des Zweiten Weltkrieges hat aber auch das Hochsauerland wirtschaftlich stark aufgeholt – und das nicht nur, wie man zunächst vermuten könnte, im Bereich Tourismus. Während im Ruhrgebiet die Industrieproduktion in den vergangenen Jahrzehnten stetig abnahm, konnte sie in der höchsten Region des Landes sogar noch zunehmen. Heute liegt der Industrieumsatz im Bezirk der Arnsberger Industrie- und Handelskammer so hoch wie im Dortmunder Kammerbezirk, der aber doppelt so viele Einwohner hat. Die meisten Sauerländer Unternehmen sind hoch spezialisiert und beliefern vom Sauerland aus die ganze Welt. Wer weiß schon, dass die gläserne Pyramide des Louvre in Paris mit Leuchttechnik aus Lüdenscheid erstrahlt, dass jede fünfte Fahrradpumpe weltweit aus Sundern stammt, vier von zehn Rolltreppen von Amerika bis Asien auf Ketten aus Eslohe laufen oder der britische Thronfolger Prinz Charles gerne Strümpfe aus Schmallenberg trägt? Und auch der Verdienstorden der Bundesrepublik Deutschland, kurz Bundesverdienstkreuz, den der Bundespräsident für besondere Leistungen auf politischem, wirtschaftlichem, kulturellem, geistigem oder ehrenamtlichem Gebiet verleiht, wird im Sauerland gefertigt. Verständlich, dass die Sauerländer stolz auf ihre Region sind und sich offen zum Lokalpatriotismus bekennen. Im Bereich des Tourismus, einem weiteren wichtigen wirtschaftlichem Standbein, ist das Sauerland ebenfalls in Nordrhein-Westfalen führend. Viele Städte sind aufgrund der guten Luftqualität Kurorte und locken jährlich Millionen Besucher an. Allein die Gemeinde Willingen zählt Jahr für Jahr rund eine Million Gäste.

Kultur

In nahezu jedem Dorf im Sauerland wird einmal im Jahr ein Schützenfest gefeiert. Schützenvereine, -gesellschaften und -brüderschaften prägen seit Jahrhunderten das kulturelle Leben in der Region. Auf diese Tradition sind die Sauerländer stolz. So stolz, dass sich auch Kinder und Jugendliche schon früh in den Vereinen engagieren und kräftig mitfeiern. Ein Höhepunkt bei den Festen ist das Königsschießen, bei dem der Schützenkönig, der die Gemeinschaft ein Jahr regieren darf, ermittelt wird. Dass die Sauerländer auf ihre lange Geschichte stolz sind, beweisen auch die zahlreichen Heimat- und Stadtmuseen, die zumeist in historischen Gebäuden untergebracht sind. Einen Gesamtüberblick über die Geschichte des Hochsauerlandes bietet das Sauerland Museum in Arnsberg. Daneben existieren zahlreiche weitere Museen und Sehenswürdigkeiten, welche die kulturelle und technische Geschichte des Sauerlandes bewahren. Aktiv für den Erhalt des kulturellen Gedächtnisses setzen sich die Heimatvereine ein, die dem Sauerländer Heimatbund und dem Heimatbund Märkischer Kreis zugehörig sind. Ob in der Halle oder unter freiem Himmel: Vielfältig

Das Handwerks- und Postgeschichtliche Museum in Iserlohn erfreut sich großer Beliebtheit.

präsentieren sich die Sauerländer Bühnen und Theater. Zu den größten Spielstätten zählen das Iserlohner Parktheater und das Lüdenscheider Kulturhaus, wo sich nationale und internationale Stars aus Musik, Kabarett, Comedy und Theater, aus Fernsehen und Rundfunk ein Stelldichein geben. Seit 1968 existiert in Arnsberg das Sauerland-Theater als Veranstaltungsort unter anderem für Theater-, Oper- und Musikaufführungen.

In den Sommermonaten rauchen auf der Naturbühne in Elspe die Colts. Deutschlandweit bekannt wurden die Karl-May-Festspiele in den 1980er Jahren mit dem Engagement des Winnetou-Darstellers Pierre Brice.

In Hallenberg und Arnsberg-Herdringen gibt es zwei Freilichtbühnen, die jedes Jahr jeweils ein Stück für Kinder und Erwachsene aufführen. Eine Sonderstellung im Reigen der Veranstaltungsorte im Sauerland nimmt seit dem Jahr 1922 die Balver Höhle ein. Europas größte offen Kulturhöhle dient als Veranstaltungsort für Konzerte - von Klassik bis Rock - mit einzigartiger Akustik und Atmosphäre. Bis zu 2.000 Besucher finden in dem imposanten Höhlenraum mit fast 90 Metern Tiefe Platz.

Persönlichkeiten

Ein Sauerländer als Staatsoberhaupt: 1959 wurde Heinrich Lübke zum zweiten Bundespräsidenten in der Geschichte der Bundesrepublik Deutschland gewählt. 1964 erfolgte seine Wiederwahl, die so mancher Sauerländer mit gemischten Gefühlen sah. Trat Lübke doch weniger als großer Staatmann in Erscheinung, sondern mehr als ungelenker Redner, der im In- und Ausland immer wieder mit naiven Aussagen für Aufsehen sorgte: „Nach meiner Asienreise hat mich die frische, raue Luft des Sauerlandes umgeschmissen". In seinem Geburtsort Enkhausen, einem Ortsteil von Sundern, erinnert eine Ausstellung an Lübkes Leben und Wirken. Sein älterer Bruder Friedrich-Wilhelm Lübke war von 1951 bis 1954 Ministerpräsident des Landes Schleswig-Holstein.

Auf sportlicher Ebene sorgen Sauerländer vor allem im Wintersport immer wieder für nationale und internationale Erfolge. Der aus Korbach stammende, ehemalige Skilangläufer Jochen Behle wurde 1980 als junger Sportler über Nacht deutschlandweit bekannt. Als er beim olympischen 15-km-Langlauf in Lake Placid als Führender nach der ersten Zwischenzeit nicht im Bild gezeigt wurde, suchte ihn der

Verewigten die Sauerländer Kühe im Song „Sauerland": Die Band Zoff.

Fernsehmoderator ständig mit dem Satz „Wo ist Behle?". Behle ist seit 2002 Bundestrainer für den Skilanglauf, der unter ihm seine erfolgreichste Zeit hat. Immer wieder bringt der Winterberger Eiskanal erfolgreiche Sportler hervor. Einer der erfolgreichsten ist der ehemalige Bobpilot René Spies, der im Zweierbob unter anderem 2003 Europameister wurde. 2006 gewann er die Viererbob-Meisterschaft. Bei den olympischen Winterspielen in Salt Lake City erreichte er 2002 im Zweierbob den sechsten Platz und bei den olympischen Winterspielen 2006 in Turin im Viererbob den fünften Platz.

An der Entwicklung der ersten Luftschiffe waren zwei Sauerländer maßgeblich beteiligt. Der Lüdenscheider Unternehmer Carl Berg lieferte 1892 das Material für das von dem Luftschiffkonstrukteur David Schwarz geplante erste lenkbare Luftschiff der Welt. Nach dessen Tod wurde auf dem Werksgelände der Z-I sowie dessen Nachfolger für den Luftschiffkonstrukteur Ferdinand Graf von Zeppelin vormontiert und nach Friedrichshafen transportiert. Der Werdohler Ingenieur Alfred Colsman, der mit einer Tochter Carl Bergs verheiratet war, wurde 1908 kaufmännischer Direktor der neu gegründeten Luftschiffbau

Zeppelin GmbH in Friedrichshafen. Nach dem altersbedingten Ausscheiden von Graf Zeppelin wurde Colsmann Generaldirektor des Unternehmens. In den 1950er Jahren sorgte ein „Volkswagen aus dem Sauerland" in der Bundesrepublik für Aufsehen. Der F 125 wurde in Arnsberg von der Firma Kleinschnittger hergestellt, die 1949 von Paul Kleinschnittger in Arnsberg gegründet wurde. Der Kleinwagen mit einer Karosserie aus Aluminium erreichte mit seinem 6 PS starken 125 Kubikzentimeter Motor eine Höchstgeschwindigkeit von 70 Kilometer pro Stunde. Aus heutiger Sicht unvorstellbar: Weil der Wagen keinen Rückwärtsgang besaß, musste er, falls nötig, von Hand gedreht werden. Bei einem Leergewicht von 150 Kilogramm aber keine allzu schwere Aufgabe. 1957 ging das Unternehmen in den Konkurs und die kurze Ära des Autobaus im Sauerland war beendet.

Anfang der 1980er Jahre, im Sog der Neuen Deutschen Welle, feierte die Iserlohner Band Zoff ihre größten Erfolge. Mit dem Lied „Sauerland" erschufen sie 1983 die Sauerländer „Nationalhymne". Bis heute wird der selbstironische Text („Sauerland, mein Herz schlägt für das Sauerland, vergrabt mein Herz im Lennesand, wo die Mädchen noch wilder als die Kühe sind.") auf Feten und Sportveranstaltungen von Publikum und Zuschauern lauthals mitgesungen. Mit über vier Millionen verkaufter Tonträger ist der Schmallenberger Tom Astor einer der erfolgreichsten Countrysänger. Astor hat bislang 40 Alben veröffentlicht und unter anderem mit Johnny Cash, Kenny Rogers und Dolly Parton Lieder aufgenommen. Gemeinsam mit Bernd Schwamm schuf der Lüdenscheider Regisseur Hajo Gies die von Götz George verkörperte Kultfigur Horst Schimanski. Insgesamt 15 Mal führte Gies bei Schimanski-Krimis Regie und leitete auch die Dreharbeiten der beiden Kinospielfilme der Reihe. Dem in Hemer geborenen Filmregisseur Wolfgang Becker gelang 2002 mit „Good Bye, Lenin!" ein internationaler Publikumserfolg. Mit den Regisseuren Tom Tykwer, Dani Levy und dem Produzenten Stefan Arndt gründete Becker 1994 die Filmproduktionsfirma X Filme.

Rheinländer unterstellen dem Westfalen im Allgemeinen und dem Sauerländer im Besonderen, gerne eine gewisse Humorlosigkeit. Lioba Albus und Jochen Busse treten hier gerne den Gegenbeweis an.

Der Schmallenberger Tom Astor gilt als einer der berühmtesten Countrysänger Deutschlands.

Busse, der in Iserlohn geboren wurde, moderierte von 1996 bis 2005 die von Rudi Carrell produzierte Fernsehsendung „7 Tage, 7 Köpfe" und wurde damit deutschlandweit bekannt. Der vielseitige Busse gehörte von 1976 bis 1991 zum Ensemble und Autorenteam der Münchner Lach- und Schießgesellschaft. Als sauerländer Hausfrau Mia Mittelkötter nimmt die in Attendorn geborene und aufgewachsene Lioba Albus die Beziehungen zwischen Mann und Frau auf Korn. Die Schauspielerin und Kabarettistin trägt aufgrund ihrer temperamentvollen Sprache den Beinamen „Wortvulkan".

Essen und Trinken

Wie Wodka mit Russland und Champagner mit Frankreich in Verbindung gebracht wird, gehört zum Land der tausend Berge ein „kühles Blondes". Bier ist dabei nicht gleich Bier, reicht doch das Spektrum von der kleinen Hausbrauerei bis zum international agierenden Unternehmen. Wer alle Sauerländer Biervarianten probieren wollte, müsste wohl einige Wochen verweilen. Aber was spricht dagegen, die eine oder andere Flasche mit nach Hause zu nehmen, und während des Genusses daheim an den Urlaub im Sauerland zu denken? Die beiden großen Marken Warsteiner und Veltins findet der Bierliebhaber mit großer Wahrscheinlichkeit auch im heimischen Getränkemarkt. Schickt doch allein die Warsteiner Brauerei bis zu 300 Lkw und Container täglich auf die Reise in die ganze Welt. Die meisten Brauereien lassen sich bei der Bierherstellung gerne über die Schulter schauen. Neben Warstein (Warsteiner) und Meschede (Veltins) wird in Iserlohn, Lüdenscheid, Marsberg, Olpe, Olsberg und Willingen Bier gebraut. Bei der traditionellen Sauerländer Küche kommen zumeist westfälisch deftige Gerichte auf den Tisch. Diese wurden lange Zeit wegen ihrer Einfachheit und Kalorienfülle geschmäht, erleben aber seit einigen Jahren in modernen Varianten eine Renaissance. Für die regionale Küche werden zumeist auch Produkte aus der Region verwendet. Das macht sie zu einem besonderen kulinarischen Genuss. Für Käseliebhaber ist der Besuch einer Sauerländer Käserei ein Muss. Kuh- und Ziegenmilch aus Betrieben, die nach strengsten ökologischen Kriterien wirtschaften, werden in den

Ob alpines Skivergnügen oder Langlauf - Das Sauerland bietet allerhand Winterfreuden.

Käsereien zu schmackhaften Käsen verarbeitet. Und wer nach einem ausgiebigen Essen in einer der zahlreichen Gaststätten einen Schnaps zur Verdauung genießen möchte, sollte nach einem heimischen Brand verlangen. Korn, Wacholder oder Obstbrände – die Auswahl ist groß. Wobei ein Kornbrand noch immer die beliebteste Spirituose ist. In Gaststätten wird der Korn gerne als sprichwörtliches „Herrengedeck" zusammen mit einem Bier gereicht. Größte Brennerei ist die Firma Krugmann mit Standorten in Meinerzhagen und Kierspe. Die Kornbrennerei Kempers in Olpe ist mit einer über 200-jährigen Firmengeschichte eine der ältesten Kornbrennereien Deutschlands. Eine der kleinsten Privatbrennereien Westfalens befindet sich seit 1858 auf dem Gut Lenninghausen in Iserlohn. Noch ein wenig kleiner und älter als die Brennereien in Olpe und Iserlohn ist die Brennerei vom Gasthof Heimes in Schmallenberg-Grafschaft. Seit 1759 werden mittlerweile in der 14. Generation aus Äpfeln und Birnen feine Obstbrände destilliert.

Sport

Eishockey, Bobfahren, Rodeln, Skispringen – das sportliche Sauerland ist vor allem im Wintersport national und international bekannt. Auf der Winterberger Bobbahn können Zuschauer bei internationalen Weltcups und Championaten im Bob, Rodel und Skeleton Olympiasieger, Welt- und Europameister hautnah erleben. Die Willinger Mühlenkopfschanze ist die größte Großschanze der Welt und alljährlich Austragungsort eines internationalen Weltcup-Skispringens. Die Eissporthalle Iserlohn ist die Spielstätte der Iserlohn Roosters, die in der Deutschen Eishockey Liga (DEL) spielen. Die Wintersport-Arena Sauerland bietet Wintersport für Skifahrer, Rodler, Snowboarder und Langläufer. Dank des Einsatzes von über 200 Schnee-Kanonen ist die Region bei günstigen Witterungsverhältnissen von Dezember bis März schneesicher. Neben den Abfahrten steht ein mehr als 300 Kilometer langes Loipennetz für Skilanglauf zur Verfügung. Bedeutende Reitzentren sind Balve, in dem jährlich auf dem Turniergelände am Schloss Wocklum das internationale Reitsportturnier Balve Optimum stattfindet, und Warstein, mit der bedeutenden Warsteiner Champions Trophy auf dem Reitsportzentrum „Am Hillenberg". Größter Verein der Region ist der Sauerländer Gebirgsverein (SGV) mit rund 45.000 Mitgliedern.

Land und Leute

Ein Muss für alle Besucher

Wie wäre es mit einer Schifffahrt, einem Besuch in einer Tropfsteinhöhle oder mit einer rasanten Grubenfahrt? So vielfältig wie die Sauerländer Landschaft sind die Freizeitmöglichkeiten. Es gibt so einiges, was man sich auf keinen Fall entgehen lassen sollte. Immer noch ganz oben in der Gunst der Urlauber steht das Wandern. Tausende Kilometer ausgeschilderter Wanderwege führen durch die Landschaft – vom gemütlichen Spaziergang um eine Talsperre über die anspruchsvolle Klettertour bis hin zur mehrtägigen Wanderung über einen der überregionalen Wanderwege. Und dank spannender Erlebniswanderwege sind selbst Kinder gerne zu Fuß unterwegs. Wenn Schnee die Täler und Berge bedeckt, können Wanderer auf gekennzeichneten Winterwanderwegen die verschneite Landschaft genießen. Im Winter werden zudem unzählige Kilometer Langlaufloipen gespurt und laufen unermüdlich hunderte von Skiliften an sieben Tagen in der Woche. Seit einigen Jahren gibt es auch Lifte für alle begeisterten Rodelfahrer, die sich so für kleines Geld wieder gemütlich den Berg

Was von außen anmutet wie ein Raumschiff ist in Wirklichkeit das Freizeitbad AquaMagis.

25

hochziehen lassen können. Vier Eissporthallen sorgen auch abseits der Pisten ganzjährig für winterliches Sportvergnügen. Wer hätte das gedacht? Im Plettenberger Freizeitbad AquaMagis steht Deutschlands spektakulärste Wasserrutsche. Mit bis zu 65 Kilometern in der Stunde und zwölf Meter fast freiem Fall geht es im Anschluss durch den Looping. Im Sommer sind die Talsperren mit ihrer ausgezeichneten Wasserqualität beliebtes Ziel für einen entspannten Urlaubstag. Rasant den Berg hinab geht es bei einer Mountainbiketour – längst hat sich das Sauerland zum Mekka für diese beliebte Sportart entwickelt. Das Streckennetz der Bike-Arena Sauerland bietet jedem Radfahrer, vom Gelegenheitsradler bis zum Rennradfahrer, seine ganz persönliche Tour. Und wer vom „sichtbaren" Sauerland genug hat, der sollte sich auf Entdeckungstour ins „unsichtbare" begeben. Aber keine Angst, das Sauerland unter Tage ist gut ausgeleuchtet: Ob Tropfstein-, Kulturhöhle oder Bergwerk. Eine besonders reizvolle Mischung aus Nervenkitzel und Spaß, bieten Höhlenführungen, bei denen es nur mit Helm und Taschenlampen ausgerüstet ins „Unsichtbare" geht. Geschichte zum Anfassen spürbar ist in den technischen Kulturdenkmälern. Nicht nur Technikfans kommen voll auf ihre Kosten, wenn auf Knopfdruck sich gewaltige Wasserräder in Gang setzen oder eine alte Dampflok schnaubend und pfeifend über die Gleise rattert.

Wanderwelten

Die herrliche, stets abwechslungsreiche Landschaft des Sauerlandes macht dieses Fleckchen Erde zu einem Paradies für Wanderer. Mal bestimmt das dunkle Grün dicht bewaldeter Berghänge wie in Kirchhundem das Bild, mal die Farbenpracht blühender Hochheiden rund um den Kahlen Asten, mal das tiefe Blau der Talsperren wie dem Möhnesee. Die Auswahl an Wanderwegen ist schier unerschöpflich: Vom kurzen Spaziergang bis zur mehrtägigen Rucksacktour. Die bestens markierten Routen machen es dem Wanderer dabei leicht, sich unbeschwert auf den Weg zu machen. Aushängeschild einer neuen Wanderkultur im Sauerland ist der 154 Kilometer lange Rothaarsteig zwischen Brilon und Dillenburg. Angelehnt an diesen Fernwanderweg wurden im Jahr 2008 zwei weitere Fernwanderwege, der Sauerland-Höhenflug mit 254 Kilometern und die Sauerland-Waldroute mit 240 Kilometern neu eröffnet.

Land und Leute

Beliebtes Wanderziel für Groß und Klein: Die Bruchhauser Steine.

Innerhalb weniger Jahre hat sich der im Jahre 2001 eröffnete Rothaarsteig zu einem der beliebtesten Fernwanderwege Deutschlands entwickelt. Vom westfälischen Brilon im Norden führt „Der Weg der Sinne" über das Wittgensteiner Bergland und das Siegerland ins hessische Dillenburg im Süden. Mit speziell entworfenen Ruhebänken, Waldliegen, Waldsofas, Waldschaukeln und so genannten Vesperinseln verfügt der Wanderweg sogar über sein eigenes Mobiliar. Von fast allen größeren Orten entlang des Rothaarsteigs führen Zugangswege, so dass die Etappen gezielt auf die eigenen Bedürfnisse wie Streckenprofil oder -länge abgestimmt werden können. Wer den Rotaarsteig mit allen seinen Aussichtspunkten, kulturellen und historischen Sehenswürdigkeiten kennen lernen möchte, sollte mindestens sechs bis acht Tagesetappen zwischen 15 und 30 Kilometern einplanen. Im Vorfeld bieten sich die Buchung von Wanderpauschalen mit Unterkunft und Gepäcktransport zum nächsten Etappenziel sowie weitere individuelle Leistungen wie Lunchpaket oder Wanderführer an. Auch wer nur bestimmte Abschnitte wie den Rundweg über

Die Wanderwegmarkierung im Sauerland ist beispielhaft.

den Hohen Westerwald oder den hohen Norden zwischen Brilon und Winterberg kennen lernen möchte, kann auf diesen praktischen Service zurückgreifen. Informationen unter ◉ www.rothaarsteig.de.

Von ganz oben, von West nach Ost, kann man die Landschaft auf dem Sauerland Höhenflug erleben. Immer wieder bieten sich von den Höhen und Aussichtstürmen weite, öffnende Blicke auf die umliegenden Täler. Das stilisierte „H" in weißer Farbe auf gelbem Untergrund markiert den 254 Kilometer langen Fernwanderweg, dessen Startpunkte im Westen die Burg Altena und die Meinhardusschanze in Meinerzhagen sind. Im Naturpark Homert verschmelzen die beiden Routen zu einer, die weiter Richtung Osten über Bad Fredeburg, Hallenberg und Winterberg ins hessische Korbach mit seiner romantischen Altstadt führt. Aufgrund seines Verlaufs über die zwischen 400 und 800 Meter hohen Bergrücken müssen keine größeren Steigungen bewältigt werden. Über die Nordhelle zwischen Herscheid und Meinerzhagen, den Kahlen Asten bei Winterberg und das Vogelschutzgebiet der Medebacher Bucht führen spe-

Land und Leute

zielle Rundwege des Höhenflugs. Weitere Informationen unter
◉ www.sauerland-hoehenflug.de.

„Zauberhaft mystisch", mit diesem Slogan wird für die 240 Kilometer der Sauerland Waldroute zwischen Iserlohn und Marsberg geworben. Zu Recht, führt der dritte große Sauerländer Fernwanderweg doch an Urwäldern wie im Arnsberger Wald, geheimnisvollen Höhlen wie im Hönnetal oder an speziellen Erlebnispunkten wie dem Klangwald am Möhnesee entlang. Ein weißes „W" auf grünem Untergrund markiert den Weg, der sich in Warstein in eine nördliche und südlichte Route teilt, die beide schließlich in Marsberg enden.

Auf einem der höchsten Punkte der erlebnisreichen Waldroute wurde im Frühjahr 2008 der Lörmecke-Turm errichtet. Die ungewöhnliche Konstruktion aus über Kreuz geführten Douglasienhölzern macht den 35 Meter hohen Turm zu einem wahren Blickfang. Von seiner Aussichtplattform genießt der Wanderer einen traumhaften Rundumblick über den Naturpark Arnsberger Wald. Weitere Informationen unter
◉ www.sauerland-waldroute.de.

Auf dem Dach des Sauerlandes, rund um die Orte Olsberg, Brilon, Willingen, Medebach und Winterberg, wurde im Jahr 2006 der Bergwanderpark Sauerland ins Leben gerufen. Er umfasst mit über 240 Kilometern den Uplandsteig, den Briloner Kammweg, die Winterberger Hochtour, den Olsberger Kneippwanderweg sowie die Wanderregionen Medebach und Hallenberg. Wanderer können damit aus einer Fülle verschiedener Wandererlebnisse ihre nächste Tour auswählen: Ob Panorama-, Kultur-, Natur-, Familien- oder Profiweg. Informationen unter
◉ www.bergwanderpark.de.

Die Historie und zahlreiche Kulturdenkmäler des Sauerlandes kann man bei Altstadtrundgängen auf Schritt und Tritt erleben und genießen. In Arnsberg führt der Rundweg „Kultur und Historie" unter anderem durch das Klassizismus-Viertel rund um den Neumarkt, das unter Federführung des Preußischen Baumeisters Karl Friedrich von Schinkel erbaut wurde. Reizvoll ist auch der Weg von Arnsbergs Alten Markt durch enge Gassen hinauf zum historischen Schlossberg, um den ein neu angelegter Rundweg führt. Brilon kann auf eine fast 800-jährige Stadtgeschichte zurückblicken.

Das historische Rathaus, erbaut um 1250, am Marktplatz mit Petrusbrunnen ist idealer Ausgangspunkt für einen Rundgang. Rund um den Kirchplatz mit der Probsteikirche St. Petrus und Andreas, ebenfalls um 1250 erbaut, finden sich noch zahlreiche ältere Fachwerkhäuser. Von den ehemaligen Festungsanlagen sind nur noch wenige Abschnitte der Stadtmauer und das „Derkere Tor" erhalten. Ein Rundgang durch den historischen Ortskern von Eversberg, einem Stadtteil Meschedes, ist aufgrund der Lage auf einem Bergrücken besonders reizvoll. Von der Burgruine auf dem Schlossberg hat man einen wundervollen Blick auf den historischen Ortskern mit den überwiegend im 18. Jahrhundert erbauten Fachwerkhäusern und hinunter ins malerische Ruhrtal. In der ebenfalls auf einem Bergrücken liegenden Stadt Rüthen ist die die Altstadt umgebende, rund drei Kilometer lange Stadtmauer teilweise noch gut erhalten. Von den Stadtbefestigungsanlagen sind zudem noch ein Stadttor und ein Wehrturm vollständig erhalten.

Über viele Jahre war das Klettern im Sauerland aufgrund strenger Naturschutzbestimmungen praktisch bedeutungslos. Geklettert werden konnte nur an Indoor-Kletterwänden oder in Hochseilgärten.

In jüngster Zeit hat allerdings ein Umdenken eingesetzt, wonach Sportklettern und Naturschutz in Einklang gebracht werden können. Sichtbares Zeichen hierfür ist die Einrichtung der Kletterarena Sauerland. An der Bundesstraße B 236 zwischen Hallenberg und Züschen liegt mit dem Klettergebiet Steinschab der erste Teil der neuen Kletterarena. Sie soll künftig die einzelnen Klettergebiete im Sauerland umfassen. Die Sektion Hochsauerland des Deutschen Alpenvereins bemüht sich intensiv darum, neue Gebiete für das naturverträgliche Klettern zu erschließen und Routen einzurichten. Eine laufend aktualisierte Übersicht der Gebiete der Kletterarena Sauerland unter
⦿ www.dav-hochsauerland.de.

Winterfreuden – Ski und Rodel gut

Winterzeit – Zeit für Winterfreuden! Die höchsten Gipfel im Land der tausend Berge sind über 800 Meter hoch, so dass man nicht nur im Sommer, sondern auch im Win-

Rennrodeln in Winterberg.

ter einen unvergesslichen Urlaub verbringen kann. Ob Snowboard, Skilanglauf, Abfahrtsski, Winterwanderung oder Rodeln – in der größten Wintersportregion nördlich der Alpen ist für jeden etwas dabei.

Für grenzenlosen Skispaß im Hochsauerlandkreis und hessischen Willingen sorgen zahlreiche Skigebiete mit einer Schneegarantie bis zu drei Monaten – dank des Einsatzes moderner Beschneiungsanlagen und Pistenraupen. Die unter der Dachmarke Wintersport-Arena Sauerland agierenden Skigebiete und Wintersportorte garantieren optimal präparierte Pisten und damit ungetrübtes Skivergnügen von Dezember bis März auf rund 100 Kilometer Pisten im Sauerland und Siegen-Wittgenstein. 30 Abfahrten, davon 14 schneesichere, bietet das Skiliftkarussell Winterberg (●) www.skiliftkarussell.de). 17 Abfahrten, davon sieben beschneite, bietet das benachbarte Skiliftkarussell Altastenberg (●) www.ski-altastenberg.de). Im Postwiesenskigebiet Neuastenberg (●) www.postwiese.de) sorgen unter anderem 15 Abfahrten, eine Naturrodelbahn sowie ein Profi Funpark für Snowboarder und Freestyler für Ski- und Rodelspaß. Die Snow World Züschen ist für ihre breiten Abfahrtspisten bekannt, auf denen wie in den anderen Skigebieten der Wintersport-Arena auch Abfahrten unter Flutlicht möglich sind. Im Skigebiet Willingen (●) www.skigebiet-willingen.de) sorgt die einzige Kabinenseilbahn der deutschen Mittelgebirge für eine sichere und bequeme Beförderung auf den Ettelsberg. Schmallenberger Sauerland (●) www.schmallenberger-sauerland.de) rattern 15 Liftanlagen die Berge auf und ab. Insgesamt bietet die Wintersport-Arena überwiegend leichte bis mittelschwere Pisten. Schwarze Pisten mit bis zu 30 Prozent Gefälle können in Bestwig-Wasserfall, Medebach, Niedersfeld, Neuastenberg, Altastenberg und Winterberg getestet werden. In Altastenberg gibt es den einzigen FIS-Hang, bei dem es mit bis zu 40 Prozent Neigung hinunter ins Tal geht. Einen Nervenkitzel der ganz anderen Art bieten so genannte Snow Tubes. Das sind luftgefüllte Reifen mit denen man in Olpe-Fahlenscheid, Züschen und der Neuastenberger Rodelbahn die Hänge hinunter sausen kann. Neun der über 30 Rodelpisten haben einen eigenen Lift, mit dem es nach einer Abfahrt wieder bequem den Berg hinauf geht. Für Skilangläufer werden in der Wintersport-Arena rund 300 Kilometer klassische und

Land und Leute

Herrliches Wintervergnügen: Eine Schlittenpartie mit der Familie.

freie Loipen gespurt. Schneesichere Flutlichtloipen gibt es im Snow-Park in Schmallenberg-Westfeld und in Winterberg. Nordische Sportangebote bieten – auch außerhalb des Winters – die drei DSV-Nordic Aktiv Zentren in Willingen, Girkhausen und Winterberg.

Spaß nach dem Schnee gibt es in über 40 urigen Skihütten der Wintersport-Arena. Hier lässt es sich nach einem Skitag beim Aprés Ski mit Bekannten, Freunden und Familie herrlich feiern. Die Ski-Gaudi mit Disco-Rhythmen, Glühwein, Jagertee und Flüssigem ist für viele Skifahrer inzwischen ein Muss. Gut gelaunt lässt man so den Tag auf der Piste in die Sauerländer Nacht ausklingen.

In den Skigebieten Postwiese, Willingen, Skikarussell Altastenberg, Skiliftkarussell Winterberg, Snowworld Züschen und Wintersportpark Sahnehang bietet sich der Kauf der Wintersport-Arena Card an, die bei 60 Skiliften ein berührungsloses Passieren der Liftschranken ermöglicht und in allen Skigebieten gültig ist. Sie ermöglicht damit bei einmaliger Bezahlung die Nutzung von 96 Abfahrten mit über 50 Kilometer

Eine Gaudi für Alt und Jung: Rodeln.

Gesamtlänge. Die Karte ist unter anderem an den Liftkassen der beteiligten Skigebiete, in der Tourist-Information oder unter ⦿ www.wintersport-arena.de erhältlich.

Im westlichen Teil des Sauerlandes erreichen die Gipfel zwar nicht die Höhen wie im Hochsauerland, dennoch findet sich in fast jedem Ort ein Skihang mit Schlepplift. Bei ausreichender Schneelage sorgen die engagierten Mitglieder der ortsansässigen Skivereine dafür, dass die Lifte unermüdlich Wintersportbegeisterte die Hänge hinaufziehen. Das bedeutendste Skigebiet im Westen befindet sich am Nordhang der Nordhelle auf dem Gebiet der Gemeinde Herscheid. Zwei Skilifte von 160 und 180 Meter Länge schleppen Skifahrer auf Höhenlagen von 505 und 570 Metern Höhe. Ein separater Hang ist für Rodler reserviert. Das Skigebiet Hohl mit einem 200 Meter langen Schlepplift im nördlichen Gemeindegebiet wird vom Ski-Club Nordhelle betreut. Dank Flutlicht hat man hier die Gelegenheit auf Skiern in die Nacht zu fahren. Bei ausreichender Schneelage wird auf der Nordhelle vom Förderverein Ebbekamm-Loipe die gleichnamige Skilanglaufstrecke gespurt. Ausgangspunkt für die rund 20 Kilometer lange Strecke auf der Grenze zwischen der Gemeinde Herscheid und der Stadt Meinerzhagen ist der Parkplatz P5 auf der Nordhelle. Die Benutzung der Loipe ist kostenfrei.

Im sorgen Beschneiungsanlagen dafür, dass das Skigebiet Fahlenscheid in Olpe auch bei ausbleibendem Schneefall schneesicher ist. Zwei Doppelankerlifte erschließen das Skigebiet, das auch einen Funpark mit Rails und Kickers, Skiwanderwege, einen Rodelhang und eine Skischule umfasst. An einer Skihütte können Ausrüstungen für Snowboard und Ski Alpin ausgeliehen werden.

Für Kinder gibt es von Bestwig bis Winterberg zahlreiche Anfängerhänge und Skilehrer, bei denen der Einstieg in die „Bretterwelt" sicher und mit viel Spaß gelingt. In den Skigebieten Winterberg-Neuastenberg und Schmallenberg-Sellinghausen stehen zudem Kinderschneespielgärten mit Kinderbetreuung zur Verfügung.

Wer mit den Skisportarten nicht viel anfangen kann, sollte feste Wanderschuhe anziehen und sich auf einen der geräumten Winterwanderwege begeben. Die verschneiten Berge und Wiesen erschließen sich dabei einmal auf eine ganz andere Art. Ein wohltuender Ausflug durch eine zauberhafte Winterlandschaft, den natürlich auch begeisterte Wintersportler genießen können und sollten. Zahlreiche Winterwanderwege, die regelmäßig geräumt werden, finden sich in Willingen, Schmallenberg und Winterberg. Bei fast jedem Skiverleih kann man sich auch Schneeschuhe ausleihen und auf nicht geräumten Wegen durch den tiefen Schnee stapfen.

Bei idealen Schneeverhältnissen wird die Anfahrt ins Sauerland mit dem Auto vor allem an Wochenenden und in den Winterferien zu einem Geduldsspiel. Häufig sind auch die Ausweichrouten dann überlastet, so dass sich eine Anreise mit Bus und Bahn empfiehlt. So erreicht man trotz Stau und verschneiter Straßen das Urlaubsziel sicher und bequem. Neben den fahrplanmäßigen Verbindungen werden bei entsprechender Schneelage viele Sonderzüge in die Skigebiete eingesetzt. Von den Bahnhöfen verkehren Busse in die einzelnen Skigebiete, zudem bieten viele Gastgeber einen kostenlosen Abholservice vom Bahnhof an.

Aktuelle Schneeberichte für das ganze Sauerland können unter Telefon 0180/5483333 und im Internet unter ◉ www.sauerland.com abgerufen werden.

Wellness und Nervenkitzel

Ob malerisch gelegene Talsperren, idyllische Freibäder oder ausgedehnte Saunalandschaften. Sportlich Aktive finden ebenso ihren idealen Ort im Land der tausend Berge wie Erholungssuchende, die einfach nur mal ihre Seele baumeln lassen möchten. Die ausgewählten Ziele in den einzelnen Sauerländer Landkreisen sind ideal für Freizeitspaß und Erholung im, auf oder am Wasser. Weitere Frei- und Hallenbäder finden Sie bei den jeweiligen Städten und Gemeinden.

Im Märkischen Kreis locken in den Sommermonaten zahlreiche Freibäder. Mit einer beeindruckenden Wasserfläche von über 6.000 Quadratmetern zählt das malerisch in einem von Wäldern umgebenen Tal gelegene Freizeitbad Herpine, in Halver zu einem der größten Freibäder in Nordrhein-Westfalen. Für die Iserlohner ist der Seilersee, auch Callerbachtalsperre genannt, das Naherholungsgebiet schlecht-hin. Was wenig verwundert, bietet der See doch ein breit gefächertes Sport- und Freizeitangebot. In Lüdenscheid betreiben die Stadtwerke am Nattenberg ein großes Saunadorf. Eingebettet in ein 12.000 Quadratmeter großes Gelände mit Wasser, Wiesen und Bäumen stehen die aus Kiefernstämmen gefertigten Häuser. In den Häusern sind klassische Saunen, Erdsauna, Bäder, Kaminzimmer zum Ausruhen oder Massage- und Beauty-Bereiche eingerichtet. Informationen: ◉ www.saunadorf.de. Das benachbarte Familienbad Nattenberg wurde 2008 nach umfangreichen Umbauarbeiten neu eröffnet. Das ehemalige Frei- und Hallenbad wurde um moderne Schwimmbecken, eine 70 Meter lange Wasserrutsche, ein Solebad sowie getrennte Saunabereiche erweitert. In den Sommermonaten sorgen ein großzügiges Nichtschwimmerbecken, ein Schwimmerbecken mit Sprungbereich sowie ein Beachvolleyballplatz und ein Beachsoccerplatz für noch mehr Abwechslung. Für Nervenkitzel pur sorgt die erste Loopingrutsche Deutschlands im Plettenberger Freizeitbad AquaMagis. In einem tropischen Ambiente bietet das größte Freizeitbad des Märkischen Kreises über 3.000 Quadratmeter Wasserfläche und eine

Besser als in jedem Freiband der Welt lässt es sich in einem richtigen See schwimmen!

großzügige Saunawelt mit acht verschiedenen Saunen. Im Sommer ergänzt ein Freibad mit großzügigem Liegebereich und Sandspielplatz und separatem Kinderbecken das Angebot. Informationen unter ⦿ www.aquamagis.de.

Insgesamt neun Talsperren liegen im Märkischen Kreis, von denen die Mehrzahl aber wegen ihrer Nutzung als Trinkwasserreservoir nicht zum Baden oder zum Wassersport genutzt werden können. Neben dem oben erwähnten Seilersee bieten noch die Oestertalsperre in Plettenberg und die Glörtalsperre, die im Städtedreieck von Breckerfeld, Schalksmühle und Halver liegt, Badebuchten für Schwimmvergnügen im Sommer. Der Tauchsportclub Plettenberg (Telefon 02391/10745) führt regelmäßig Tauchgänge in der Oestertalsperre durch. Im bietet das Erlebnisbad Finto,in Finnentrop für Familien mit kleinen Kindern ein günstiges Baderlebnis, genießen „Wasserratten" unter sechs Jahren doch freien Eintritt. Im Sommer steht für die kleinen Badegäste zudem ein beheiztes Außenbecken mit Kinderrutsche zur Verfügung. Informationen unter ⦿ www.erlebnisbad-

Kleine Wasserratten entern dieses Piratenschiff im Freizeitbad AquaMagis.

finnentrop.de. Nach umfangreichen Renovier- und Umbaumaßnahmen wurde der 600 Quadratmeter große Saunagarten der Lenne Therme in Lennestadt-Meggen 2009 neu eröffnet. Vom Ruheraum aus genießt man einen Panoramablick auf den großzügig angelegten Saunagarten mit drei unterschiedlichen Saunen und einem Dampfbad. Zudem verfügt die Lenne Therme über ein Hallenbad mit Sportbecken und separatem Kinderbecken. Im Sommer lädt die großzügige Liegewiese mit Liegen und Sonnenschirmen zum Spielen und Sonnenbaden ein.)◉ www.lennetherme.de). Im Jahr 2008 konnte das Freizeitbad Olpe mit einem neu gestalteten Außenbereich in die Freiluftsaison starten. Bereits drei Jahre zuvor wurde das Bad aufwändig renoviert und erweitert. Soleerlebnisbecken, Hyperthermalbecken, Dampfbad oder eine Saunalandschaft mit sieben Erlebnissaunas lassen ab der ersten Minute Entspannung eintreten. Wer ein wenig mehr Action möchte, kann auf der fast 100 Meter langen Rutsche seinen Wagemut unter Beweis stellen. Nähere Informationen unter

◉ www.freizeitbad-olpe.de.

Land und Leute

Im Herzen des Naturparks Ebbegebirge, zwischen den Städten Attendorn, Drolshagen und Meinerzhagen liegt die zwischen 1909 und 1912 errichtete Listertalsperre. Sie grenzt seit Mitte der 1960er Jahre unmittelbar an die Biggetalsperre. Auf beiden Sperren ist Wassersport und Schwimmen erlaubt. Tauchgänge sind allerdings nur im Biggesee gestattet. Die Tauchschule Biggesee bietet ein breites Kursangebot an. Informationen: ⦿ www.tauchschule-biggesee.de. Der Biggesee ist aufgrund seiner Größe von rund 20 Kilometern Länge ein beliebtes Revier von Seglern und Surfern, die hier hervorragende Bedingungen vorfinden. Die Fahrgastschiffe MS „Westfalen" und MS „Bigge" verkehren von Ostern bis Ende Oktober mehrmals täglich zwischen den Anlegestellen Biggedamm, Sondern und Stade-Eichhagen. Die Hauptanlegestelle Sondern ist auch bequem mit dem Zug zu erreichen, da der Seebahnhof in unmittelbarer Nähe liegt.

Im Hochsauerlandkreis locken gleich fünf größere Freizeitbäder mit ausgedehnten Wasser- und Saunalandschaften. Direkt an der Autobahn 46, Abfahrt Hüsten, liegt das Arnsberger Freizeitbad Nass, das unter anderem eine großzügige, 4.500 Quadratmeter große Saunalandschaft mit elf vielfältigen Sauna- und Dampfbadangeboten, mehrere Becken für Schwimmer und Nichtschwimmer sowie Strömungskanal, Natursolebecken unterm Sternenhimmel mit Sprudelliegen und Riesenrutsche bietet. Informationen: ⦿ www.nass-arnsberg.de. Im staatlich anerkannten Luftkurort Eslohe bietet das 1999 umfangreich renovierte und umgestaltete Esselbad an der Kupferstraße Schwimmvergnügen. Im Sommer stehen zudem ein beheiztes Freibad mit Kinderbereich und ein Beachvolleyballfeld zur Verfügung. Informationen unter ⦿ www.eslohe.de. Palmen und andere exotische Pflanzen bilden den Rahmen für das subtropische Schwimmbad Aqua Mundo im Medebacher Center Parcs, Sonnenallee 1. Auf 4.000 Quadratmeter breitet sich die Badelandschaft mit Wellenbecken, Strömungskanal, vier Rutschen mit bis zu 112 Meter Länge, Baby- und Kinderbecken, Whirlpools und beheiztem Außenbecken aus. ⦿ www. tagesausflugparkhochsauerland. de. Seit dem Jahr 2008 ergänzt das Aqua Olsberg das vielfältige Freizeitangebot der Stadt Olsberg und der Region. Den Besuchern steht in der Sauerland Therme eine vielfältige Wasser-, Sole-, Sauna-, und Kneipplandschaft zur Verfügung. Informationen: ◉ www.aqua-olsberg.de. Im Schmallenberger Stadtteil Bad Fredeburg liegt das SauerlandBad. Es verfügt über eine großzügige Bade- und Saunalandschaft mit vielen Attraktionen, wie einer original Sauerländer Schiefersauna. Neueste Attraktionen in dem Familienbad sind die „Magic Eye"- und die Turbo-Rutsche.

◉ www.sauerland-bad.de. Mit einer Wasserfläche von 330 Hektar zählt der Sorpesee in Sundern zwar nicht zu den größten, aber zu einem der schönsten Stauseen des Sauerlandes. Die Talsperre bietet Sportbegeisterten vielfältige Möglichkeiten wie Segeln, Rudern, Schwimmen oder Surfen. An heißen Sommertagen lohnt sich ein Besuch des Strandbads Langscheid mit einem Sprung ins erfrischende Nass des Sorpesees. Von Ostern bis Oktober verkehrt auf dem See das moderne Fahrgastschiff MS „Sorpesee". Anlegestellen befinden sich am Damm und in der Nähe des Ortes Amecke. Vor den Toren der Kreisstadt Meschede liegt der Hennesee, der sich über das Gebiet der Stadt Meschede und der Gemeinde Bestwig erstreckt. Der Stausee ist Wasservorratsbehälter für das Ruhrgebiet, aber vor allem attraktives Ziel Erholungsuchender. Einen ersten Überblick über den See und die angrenzende Landschaft gewährt eine gemütliche Fahrt mit der MS Hennesee (von Ostern bis Ende Oktober), dem Fahrgastschiff des Sees. Beliebtes Ausflugsziel in den Sommermonaten sind die Strandbäder des Sees, die aufgrund des stellenweise flach ins Wasser abfallenden Strandes auch für Familien mit kleinen Kindern geeignet sind.

Im hessischen Upland bietet das Willinger Lagunen-Erlebnisbad am Hagen 1.200 Quadratmeter Wasserspaß mit Karibik-Flair. Ergänzt wird der Wasserspaß von einer großen Saunawelt. Informationen unter ◉ www.lagunenerlebnisbad.de. Auf der Grenze von Hessen und Nordrhein-Westfalen liegt die Diemeltalsperre. Erkunden lässt sich der See mit Elektro-, Tret- und Ruderbooten. Segeln, Surfen und Kanu fahren ist ebenso möglich. In einer Bucht in der Nähe der Staumauer besteht die Möglichkeit zum Tauchen. Im vor der Staumauer gelegenen Helminghausen lädt ein Strandbad Jung und Alt zum Schwimmen ein.

Im südlichen Kreis Soest kann man im Allwetterbad in Warstein den Alltag hinter sich lassen. Das Familienbad verfügt über ein Sportbecken sowie ein großes Erlebnisbecken mit Innen- und Außenbereich, der

·Nur etwas für geübte Radler: Der P-Weg-Marathon.

über einen Schwimmkanal miteinander verbunden ist. Für junge Familien gibt es einen Wasserspielgarten. Für Wohlbefinden sorgt zudem der Wellness- und Saunabereich mit Tauchbecken und Saunahof. ⊙www.allwetterbad-warstein.de. Am Nordrand des Naturparks Arnsberger Wald liegt das „Westfälische Meer" – die Möhnetalsperre. Aufgrund seiner stattlichen Größe bietet der Möhnesee ideale Voraussetzungen für vielfältige Wassersportmöglichkeiten von Angeln über Segeln bis hin zum Tauchen. Im Strandbad Wamel kann man sich dank 1700 Tonnen feinem weißem Sand, Strandkörben und einer See-Terrasse tatsächlich wie am Meer fühlen. Auf dem See verkehrt von Ostern bis Oktober die MS Möhnesee, Europas größter Katamaran auf einer Talsperre. Rundfahrten finden täglich ab Anlegestelle Sperrmauer Günne statt.

Radelnd unterwegs

Radfahren im Sauerland muss doch anstrengend sein – bei so vielen Bergen. Es kann in der Tat sehr anstrengend sein, muss es aber nicht. Auch Genussradler und Familien mit Kindern können bedenkenlos ihr Rad mit ins Land der tausend Berge bringen. Zahlreich sind die Strecken, die steigungsarm oder nur sanft auf und ab durch die Landschaft führen. Es geht aber auch über Stock und Stein. Bei Mountainbikern erfreut sich das Sauerland einer großen Beliebtheit, reicht doch das vielfältige Angebot von Downhill über Trail bis zu Cross Country-Touren. Mehrmals im Jahr, von Ende April bis Anfang Oktober, trifft sich die Biker-Szene bei ihren beliebten Events im Sauerland. So auch in Willingen, das regelmäßig im Juni für drei Tage zum Radfahrer-Mekka avanciert. Rund 30.000 Besucher treffen sich dann bei Deutschlands größtem Mountainbike-Festival.

Radwandernd von der Quelle bis zur Mündung kann man sich auf

Es kann auch sehr gemütlich zugehen beim Radeln im eigentlich hügeligen Sauerland.

den drei großen Flussradwegen Lenneroute, Ruhrtalradweg und Diemelradweg fortbewegen. Auf ihren rund 150, 220 und 160 Kilometer Länge führen sie über weite Strecken durchs Sauerland. Allen drei Routen gemein ist die landschaftlich reizvolle und überwiegend autofreie Wegführung vorbei an interessanten Sehenswürdigkeiten und attraktiven Freizeitzielen. Wer größere Steigungen im Rothaargebirge, wo alle drei Flüsse entspringen, umgehen möchte, sollte die Radwanderwege Lenneroute und Ruhrtalradweg von den Quellen aus erfahren. Auf der Zuglinie RE 57 von Dortmund nach Winterberg setzt die Bahn seit 2008 umgebaute Sonderfahrzeuge ein, in denen mehr Stellfläche als in den normalen Fahrzeugen für Fahrräder zur Verfügung steht. In der Saison kommen die Sonderwagen vor allem freitags und samstags vormittags zum Einsatz, wenn der Andrang besonders groß ist. Wer kann, sollte die Wochenenden, insbesondere in den Schulferien meiden, weil es sonst passieren kann, dass er keinen Platz mehr im Zug findet. Die Lenneroute führt von der Ruhrmündung bei Hagen hinauf auf den bekanntesten Berg des Sauerlandes, den Kahlen Asten, an dessen westlicher Flanke die Lenne entspringt. Überwiegend verläuft der Weg, der mit einem stilisierten Radler auf grün-blau-roter Welle gut beschildert ist, in unmittelbarer Nähe zur Lenne. Zwischen Altena und Plettenberg muss der Weg aufgrund fehlender Alternativen im engen Lennetal teilweise über die viel befahrene Bundesstraße 236 geführt werden. Für Familien mit kleinen Kindern ist dieser Abschnitt daher nicht empfehlenswert. Sie sollten von Altena bis Plettenberg auf die Züge ausweichen, die regelmäßig auf der Ruhr-Sieg-Strecke verkehren. Am Rande der Lenneroute kann man die technische Entwicklung im Bereich der Energiegewinnung erleben. Der Energiepfad der Lenneroute weist unter anderem auf die an der Strecke liegenden Wasserkraftwerke, das Kohlekraftwerk in Werdohl-Elverlingsen oder das Pumpspeicherkraftwerk in Finnentrop-Rönkhausen hin. Die Wege zu diesen spannenden Orten sind im Radwanderführer, der unter ◉ www.lenneroute.de angefordert werden kann, besonders gekennzeichnet.

Innerhalb kürzester Zeit hat sich der Ruhrtalradweg zu einem der beliebtesten Radwanderwege in Deutschland entwickelt. Verbindet er doch die Sauerländer Landschaft mit dem Ruhrgebiet, und damit zwei ganz unterschiedlich geprägte Regionen. Zwischen Hagen und Neheim verläuft der Weg am Nordrand des Sauerlandes entlang. Nennenswerte Steigungen gibt es hier keine, erst mit Beginn des Naturparks Arnsberger Wald ändert sich das. Auf den letzten 30 Kilometern bis zur Ruhrquelle auf 674 Metern Höhe müssen einige Anstiege überwunden werden. Von der Ruhrquelle sind es dann nur noch wenige Kilometer bis zum Endpunkt der Tour in Winterberg.

Weitere Informationen unter ⊙ www.ruhrtalradweg.de. Der Diemelradweg beginnt wenige Kilometer unterhalb der Quelle in Usseln und führt über gut ausgebaute und leicht zu befahrende Radwege bis zur Mündung in die Weser in Bad Karlshafen. Der Sauerländer Abschnitt verläuft von den Höhen des Waldecker Uplandes über den Naturpark Diemelsee nach Marsberg. Gekennzeichnet ist der Diemelradweg mit dem Ammoniten. Informationen unter
⊙ www.diemelradweg.de.

Ideal für Familien ist der Sauerland Radring, ein steigungsarmer Rundweg, der von Schmallen-

Zur unterirdischen Entdeckungstour lädt die Heinrichshöhle in Hemer ein.

berg durchs Lennetal bis Lenhausen, über Fretter, Eslohe und Bad Fredeburg wieder zurück nach Schmallenberg führt. Zahlreiche Sehenswürdigkeiten und Freizeitziele wie das Maschinen- und Heimatmuseum in Eslohe, das Kinderland in Schmallenberg oder das SauerlandBad in Bad Fredeburg lassen keine Langeweile aufkommen. Spannender Höhepunkt des rund 83 Kilometer langen Radrings ist der 700 Meter lange Fledermaustunnel bei Kückelheim im Frettertal. Die Fahrt durch den ehemaligen Eisenbahntunnel ist für große und kleine Radler ein unvergessliches Erlebnis. Bereits für die jüngsten Radfahrer ab sechs Jahren ist die Kinderland Radroute, die von Schmallenberg über Niedersorpe und Bad Fredeburg zurück nach Schmallenberg führt. Die steigungsarme, 33 Kilometer lange Radtour führt überwiegend auf asphaltierten Wegen und ist so auch für den Einsatz von Kindersitzen und Fahrradanhängern bestens geeignet.

Trekking-, Mountain-, Sport- oder Rennbiker fühlen sich in der Bike-Arena Sauerland pudelwohl. In Zusammenarbeit mit der Deutschen Sporthochschule Köln wurden zahlreiche Touren nach den Gesichtspunkten Sport, Gesundheit, Sicherheit und Umwelt erstellt. Insbesondere für Mountainbiker bietet die Mittelgebirgslandschaft mit ihren zahlreichen Bergen ideale Voraussetzung zur Ausübung des Sports. Insgesamt 1700 Kilometer MTB-Strecken wurden eingerichtet und in drei Schwierigkeitsgrade eingeteilt. Höhepunkte sind der Bikepark Winterberg mit sieben verschiedenen Strecken für Einsteiger und Profis sowie die Freeride- und Downhill-Strecken vom Ettelsberg in Willingen. Rennatmosphäre kann man aktiv oder passiv bei einer der vielen Veranstaltungen wie dem Dirt Masters Festival Winterberg, Europas größtem Freeride-Festival, oder dem beliebten P-Weg-Marathon in Plettenberg mit Trailabschnitten bis zu 86 Kilometern erleben. Für mehrtägige Touren empfehlen sich bike-freundliche Betriebe, erkennbar am gelben Logo der Bike-Arena, die unter anderem diebstahlsichere Fahrradräume, Waschmöglichkeiten für die Räder oder die Trocknung für Kleidung und Ausrüstung anbieten. Informationen unter ◉ www.bike-arena.de.

Untrainierte Radfahrer können seit dem Frühjahr 2009 auf modernen E-Bikes das hügelige Sauerland erkunden. In der Marktgarage gegenüber vom Bahnhof Lennestadt-

Altenhundem können Fahrräder mit elektrischer Motorunterstützung, die eine mühelose Fahrt ermöglicht, gemietet werden. Die Anmietung muss zuvor bei der Tourist-Information Lennestadt & Kirchhundem (Telefon 02723-608800) angemeldet werden. Die Akkuenergie der E-Bikes reicht je nach „Trampelfreudigkeit" des Fahrers für 50 bis 80 Kilometer. An Ladestationen ausgesuchter Gastronomiepartner kann der Akku wieder aufgeladen werden. Informationen unter ◉ www.lennestadt-kirchhundem.info.

Sauerland unter Tage – Von Höhlenbären und Tropfsteinen

Von Regenwolken muss sich niemand die Urlaubslaune verderben lassen. Sind doch die Tropfsteinhöhlen, Besucherbergwerke und Stollen des Sauerlandes wetterunabhängige und damit ideale Ausflugsziele, wenn die Sonne sich einmal nicht blicken lässt. In den Besucherbergwerken und Stollen wird sauerländische Bergbaugeschichte wieder lebendig. Im Erzbergwerk Ramsbeck in Bestwig geht es mit Helm und Schutzkleidung ausgerüstet mit der originalen Grubenbahn rund 1,5 Kilometer in den Berg hinein. Ehemalige Bergleute erläutern 300 Meter unter Tage in den alten Stollen ihren damaligen Arbeitsalltag. Informationen: ◉ www.besucherbergwerk-ramsbeck.de. Die über 800-jährige Tradition des Erzbergbaus in Diemelsee-Adorf können Besucher bei einer Führung durch das Besucherbergwerk „Grube Christiane" erleben. Mit Schutzhelmen und Jacken ausgerüstet führen fachkundige Führer, die teilweise noch selbst in der Grube gearbeitet haben, die Besucher in eine spannende Welt unter Tage. Informationen unter ◉ www.grube-christiane.de. Faszinierende Einblicke in rund 1000 Jahre Kupferbergbau gewährt das Besucherbergwerk „Kilianstollen" in Marsberg. Von 1842 bis 1945 wurde im Kilianstollen Kupfer abgebaut. Bei der großen Führung geht es sogar auf einer Teilstrecke mit der Grubenbahn in die geheimnisvolle Welt im Berginnern. Informationen ◉ www.kilianstollen.de. Olsbergs lange Bergbautradition wird seit einigen Jahren im Philippstollen, Am Eisenberg, wieder lebendig. Der im Briloner Eisenberg gelegene Stollen wurde bereits in vorchristlicher Zeit bergmännisch ausgebeutet. Besichtigungen und Führungen zu den ehemaligen Abbaustätten unter Tage finden von Mai bis Oktober nur nach vorheriger Anmeldung statt. Kontakt über die Olsberg Touristik (Telefon 02962/97370). ⦿ www.philippstollen.de. Die Anfang der 1970er Jahre stillgelegte Schiefergrube „Christine" in Willingen dient heute als Besucherbergwerk. Führungen unter fachmännischer Anleitung durch die Schiefergrube mit ihren vier mächtigen Schieferbänken von zwei bis 20 Meter Dicke, die vor rund 350 bis 400 Millionen Jahren entstanden sind, finden ganzjährig mehrmals täglich von mittwochs bis sonntags statt.

Industriegeschichte schrieb rund 140 Jahre das Bergwerk Meggen. Es gehörte lange zu den bedeutendsten Schwefelkies-, Zinkerz- und Schwerspatgruben der Welt. 1992 endete der Bergbau in Meggen, weil die wirtschaftlich förderbaren Erzvorräte erschöpft waren. Einige Betriebsteile der Schachtanlage Sicilia wie das Fördergerüst mit der Schachthalle und die beiden Fördermaschinen können besichtigt werden. Geöffnet ist das Bergbaumuseum sonntags von 15 bis 18 Uhr. Führungen auch werktags nach Vereinbarung mit Dr.-Ing. Bruno Heide (Telefon 02721/81434) oder Reviersteiger Heinz Slotta (Telefon 02721/2257). Informationen ⦿ www.bergbaumuseum-siciliaschacht.de.

Zwei Stollen in den Ortsteilen Bad Fredeburg und Nordenau werden besondere Wirkungen zugeschrieben. Im Bad Fredeburger Felicitas Stollen, Zum Heilstollen, der 1998 in einer Schiefergrube entstand, herrscht ein für Menschen wohltuendes Mikroklima vor. Höhleneinfahrten sind von Mitte Februar bis Ende November montags bis samstags möglich. Im Energiefeld des Nordenauer Stollen, der ebenfalls im Schiefergebirge liegt, entspringt eine Quelle mit so genanntem reduziertem Wasser. Informationen ⦿ www.felicitas-stollen.de
⦿ www.stollen-nordenau.de.

Höhlen

Die Atta-Höhle in Attendorn gilt als eine der bedeutendsten Tropfsteinhöhlen Deutschlands. Jährlich besuchen mehrere hunderttausend Besucher die Höhle und ihre bis zu vier Meter langen Stalagmiten und Stalaktiten. 40 Minuten dauert die Führung durch das gigantische Höhlensystem. Informationen: ⦿ www.atta-hoehle.de. Auch die Dechenhöhle im Iserlohner Stadtteil Letmathe ist ein einzigartiges Natur- und Bodendenkmal und reiht sich aufgrund ihrer Vielfalt an einmaligen Tropfsteinen in die Riege der schönsten Tropfsteinhöhlen

Deutschlands ein. Von März bis Ende November ist die Höhle täglich, in den Wintermonaten mit Ausnahme der NRW-Winterferien nur am Wochenende geöffnet. Informationen unter ◉ www.dechenhoehle.de. Ein faszinierendes unterirdisches Labyrinth erwartet die Besucher der Warsteiner Bilsteinhöhlen, die inmitten eines Wildparks im Bilsteintal liegen. Rund 400 Meter des weitläufigen Höhlensystems wurden für Führungen ausgebaut. Führungen finden von April bis Ende November täglich von 9 bis 17 Uhr mit etwa 30 Minuten Dauer statt. In den Wintermonaten ist die Höhle montags geschlossen. Informationen unter ◉ www.hoehle-warstein.de. Ein wenig verwunschen und märchenhaft geht es in der Reckenhöhle in Balve-Binolen zu, deren Eingang unmittelbar an der Bundesstraße 515 schräg gegenüber dem Hotel-Restaurant Haus Recke, liegt. Seit 1924 ist der über 500 Meter lange Weg durch die Höhle in seiner heutigen Art begehbar und führt an zahlreichen schönen Tropfstein-, Sinter und Felsengebilden vorbei. Eintrittskarten gibt es von April bis Oktober täglich, außer montags, im Haus Recke (Telefon 02379/209). In den Wintermonaten ist für den Besuch eine Voranmeldung nötig. Informationen unter ◉ www.reckenhoehle.de. Die im Hemeraner Stadtteil Sundwig gelegene Heinrichshöhle kann mit zahlreichen schönen Tropfsteinen und über 20 Meter hohen Klüften und Spalten aufwarten. Heimlicher Star ist aber das 2,35 Meter lange Skelett eines Höhlenbären, das in einem klimatisierten Glaskasten ausgestellt wird. Die Schauhöhle, die in unmittelbarer Nachbarschaft vom Felsenmeer liegt, ist das ganze Jahr über geöffnet. Von Anfang November bis Mitte März allerdings nur am Wochenende. Informationen unter ◉ www.heinrichshoehle.de. Die Balver Höhle an der Hönnetalstraße in Balve zählt mit über 50.000 steinzeitlichen Fundstücken zu einem der wichtigsten Fundorte der Mittleren Altsteinzeit. Zugleich ist sie mit ihren 2.000 Quadratmetern die größte offene Kulturhöhle Europas. In der großen Halle mit fast 90 Metern Tiefe finden von Mai bis Ende Oktober Feiern, Messen, Konzerte sowie Theater- und Musikfestivals statt. Besichtigungen sind nur für Gruppen und nach vorheriger Anmeldung beim Verkehrsverein Balve (Telefon 02375/926190) möglich. Informationen unter ◉ www.

Die Sauerländer Kleinbahn Herscheid zieht mit ihrem historischen Charme viele Besucher an.

balver-hoehle. Für den Besuch der Bergwerke und Höhlen empfiehlt sich auch im Sommer warme Kleidung, liegen die Temperaturen doch zumeist bei konstanten und damit frischen acht bis neun Grad Celsius.

Technische Kulturdenkmäler

Zahlreich sind die Zeugnisse aus der handwerklichen, industriellen und landwirtschaftlichen Geschichte des Sauerlandes. Schon früh hat man sich in allen Regionen bemüht, diese bedeutenden Zeugnisse zu erhalten und der Öffentlichkeit zugänglich zu machen. In den vergangenen Jahren rückte zunehmend der Erlebnischarakter in den Focus, so dass einige technische Kulturdenkmäler keine stummen Zeitzeugen mehr sind, sondern Geschichte zum Anfassen und Erleben bieten.

Zwischen dem Herscheider Ortsteil Hüinghausen und Plettenberg-Köbbinghausen verkehrt seit Anfang der 1980er Jahre die Sauerländer Kleinbahn. Unterhalten werden die Fahrzeuge vom Verein Märkischen Museums-Eisenbahn, dessen Mitglieder sich um den Erhalt und die Restaurierung der Lokomotiven und Waggons kümmern. Fahrbetrieb auf der 2,5 Kilometer langen Schmalspurstrecke findet von Mai bis Oktober statt. Termine und Informationen: ⦿ www.sauerlaender-kleinbahn.de. Im Maschinen- und Heimatmuseum Eslohe stehen die zahlreichen historischen Maschinen nicht still und stumm hinter Glas in Vitrinen. Ganz im Gegenteil: In der Maschinenhalle wird ihnen im wahrsten Sinn des Wortes Dampf gemacht. Für Kinder besonders reizvoll ist eine Fahrt mit der Museumseisenbahn, die von April bis Oktober jeden ersten und dritten Samstag im Monat möglich ist. Jeweils am letzten Wochenende im Mai und September finden die Dampftage „Alles unter Dampf" statt. Nähere Informationen unter ⦿ www.museum-eslohe.de.

In Neuenrade findet sich eines der ältesten technischen Denkmäler des Sauerlandes. Der aus Ton und Lehm bestehende Rennofen in unmittelbarer Nähe von Gut Berentrop (Anfahrt über die Straße „Landwehr" aus Richtung Bahnhof) stammt aus dem 13. Jahrhundert und ist der am besten erhaltene des märkischen Sauerlandes. Wie ein paar Jahrhunderte später Eisenerz verhüttet wurde, wird in der Luisenhütte Wocklum in Balve demonstriert. Am Rande des Naturparks

Land und Leute

Handwerkskunst live erleben - möglich ist dies im Bremecker Hammer.

Homert gelegen, gilt sie als die älteste, vollständig erhaltene und funktionstüchtige Hochofenanlage Deutschlands. Geöffnet ist die Luisenhütte von Mai bis Ende Oktober an Wochenenden und Feiertagen jeweils von 11 bis 18 Uhr und dienstags bis freitags von 9.30 bis 17 Uhr. Weitere Informationen unter ◉ www.maerkischer-kreis.de. Einen Blick ins Innere könnenBesucher in die Knochenmühle Mühlenhofe in Meinerzhagen werfen. Sie ist das letzte erhaltene technische Kulturdenkmal ihrer Art. Die Knochenmühle kann nach Voranmeldung und zu bestimmten Anlässen, wie dem Tag des Offenen Denkmals, in Absprache mit dem Heimatverein (Telefon 02358/243) besichtigt werden. Ebenfalls voll funktionsfähig ist die Knochenmühle Isingheim in Eslohe. Besitzer Franz Stratmann (Telefon 02973/504) führt die Mühle, die noch über eine vollständig erhaltene Inneneinrichtung verfügt, jeweils mittwochs von 15 bis 17 Uhr sowie Gruppen nach Anmeldung gerne vor. Auch auf dem Finnentroper Gemeindegebiet findet sich eine alte Knochenmühle. Das gusseiserne Stampfwerk der Knochenmühle im Frettertal (an der L 737 Richtung Ruhrmanns Mühle) stammt aus der Zeit um 1860 und ist in dieser Ausstattung in Nordrhein-Westfalen einzigartig und bundesweit das älteste Exemplar dieses Typs. Vorführungen der Knochenmühle nach Vereinbarung unter Telefon 02724/699.

Ebenfalls im Frettertal liegt die über 630 Jahre alte Frettermühle, in der bis 1983 Getreide gemahlen wurde. Mühlenführungen finden am Deutschen Mühlentag (immer Pfingstmontag) und nach Vereinbarung (Telefon 02721-70872) statt. Informationen unter ⊙ www.muehlencafestuebchen-brill.de. Einblicke in frühere Zeiten und handwerkliche Kultur bieten auch die Brenscheider Mühlen in Nachrodt-Wiblingwerde. Heute finden dort regelmäßig Backvorführungen mit Verkauf von Mai bis Oktober an jedem ersten Samstag im Monat statt. Die Außenbesichtigung beider Mühlen ist jederzeit möglich, für die Innenbesichtigung ist eine Anmeldung nötig (Telefon 02352/93830). In der Getreidemühle Cobbenrode in Eslohe, deren Ursprünge im 17. Jahrhundert liegen, wird dank der erhaltenen und restaurierten Mühlentechnik noch Korn wie zu längst vergessenen Zeiten zu Mehl gemahlen. Gebacken wird das Brot an jedem ersten Samstag im Monat in einem Steinofen aus dem Jahr 1903, der im „Bakkes" (Backhaus) neben der Mühle steht. Geöffnet ist die Mühle mittwochs und samstags jeweils von 15 bis 17 Uhr sowie für Gruppen (Telefon: 02973/3849). Einblicke in frühere Zeiten bietet auch die Löhrmühle im Wiesental der Ennepe in Halver, die nach Absprache mit den Eigentümern (Telefon 02353/130219) besichtigt werden kann. Eine weitere Mühle auf dem Stadtgebiet Halvers kann im Tal der Hälver besucht werden. Dank des Bundes für Umwelt- und Naturschutz Deutschland (BUND) und des Vereins Heesfelder Mühle entstand rund um die gleichnamige Wassermühle ein attraktives Gelände für Besucher von nah und fern. Die Alte Kornmühle Ramsbeck, die seit 1983 unter Denkmalschutz steht und Ende des 17. Jahrhunderts errichtet wurde, besitzt drei Mühlräder. Die in Nordrhein-Westfalen einzigartige mittelalterliche Technik der Mühle wurde in wesentlichen Teilen inzwischen wieder restauriert.

Am Oberlauf der Verse, direkt an der Brüninghauser Straße, befindet sich in Lüdenscheid ein beredter Zeuge der vorindustriellen, eisengewerblichen Zeit. Der Bremecker Hammer, dessen Ursprünge bis auf das Jahr 1753 zurückgehen, wurde schon vor vielen Jahren zu einem heimatgeschichtlichen Museum umfunktioniert, in dem die traditionelle Herstellung von geschmiedetem Eisen hautnah erlebt werden kann. Geöffnet ist der Bremecker Hammer vom 1. Mai bis 15. Oktober immer freitags 14 bis 17.30

Burg Schnellenberg in Attendorn (oben) und Luisenhütte Wocklum in Balve (unten).

Uhr sowie samstags, sonntags und feiertags 10 bis 17.30 Uhr.
- www.bremecker-hammer.de.

Bereits seit 1950 ist der Ahe-Hammer im Tal der Schwarzen Ahe in Werdohl, der erstmals 1562 geschichtlich erwähnt wird, ein Kulturdenkmal. Bis zur Stilllegung 1945 wurden Zieheisen für die Drahtherstellung angefertigt. Die Anlage ist voll funktionsfähig und kann nach Voranmeldung von Gruppen besichtigt werden (Telefon 02392-56699).

Im Sauerland unterwegs

Der Westen: Märkischer Kreis

Seit der Gemeindereform im Jahre 1975 vereint der Märkische Kreis zwei historisch unterschiedlich geprägte Gebiete. Während der Südkreis größtenteils das protestantisch geprägte ehemalige Gebiet der Grafen von der Mark, deren Stammsitz die Burg Altena war, umfasst, ist der Nordkreis, der im Norden durch das Ruhrtal begrenzt wird, vom eher katholisch geprägten ehemaligen Gebiet der Grafschaft Arnsberg beeinflusst. Das Hönnetal bei Balve galt seit dem Mittelalter als natürliche Grenze zwischen den Kreisen, die auch ein unterschiedliches Landschaftsbild aufweisen. Der südliche Kreis mit zahlreichen Bach- und Flusstälern ist sehr bergig. Auf der Stadtgrenze von Meinerzhagen und Herscheid liegt mit der 663 Meter hohen Nordhelle die höchste Erhebung des Kreises und des Ebbegebirges. Der nördliche Kreis wird Richtung Ruhrtal immer flacher und erreicht auf dem Gebiet des Iserlohner Stadtteils Hennen mit 106 Metern den niedrigsten Punkt des Kreises. Verwaltungssitz des 15 Städte und Gemeinden umfassenden Kreises ist die Stadt Lüdenscheid mit rund 78.000 Einwohnern. Insgesamt leben im Kreis rund 440.000 Menschen, die meisten davon, etwa 96.000, in der Stadt Iserlohn. Die jüngere Geschichte des märkischen Sauerlandes ist eng verknüpft mit der Industrialisierung. Bis heute repräsentieren mittelständische Unternehmen, ein Großteil davon im Bereich Metallverarbeitung, das Kreisgebiet. Zahlreiche Zeugen der frühen Industrialisierung blieben erhalten und wurden zu erlebenswerten Museen umgewandelt. Ein herausragendes Beispiel für eine gelungene Restaurierung ist die Luisenhütte in Balve-Wocklum, die als die älteste, vollständig erhaltene und funktionstüchtige Hochofenanlage Deutschlands gilt. Welchen Einfluss die Metallindustrie auf das Leben der Menschen im Kreis hatte und hat wird in zahlreichen Museen wie dem Deutschen Drahtmuseum in Altena auf anschauliche Weise erlebbar. Beliebtes Ziel sind zudem die zahlreichen Tropfsteinhöhlen, Seen und Talsperren. Ein weitläufiges und gepflegtes Wanderwegenetz machen den Kreis auch auf Schusters Rappen zu einem Erlebnis. Mit der Sauerland Waldroute und dem Sauerland Höhenflug führen zwei bedeutende überregionale Wanderwege durch das Kreisgebiet. Für Freunde des Schwimmsports stehen zahlreiche Frei- und Hallenbäder zur Verfügung. Im Freizeitbad „AquaMagis" in Plettenberg kommt in der deutschlandweit einmaligen Loopingrutsche sogar Achterbahnfeeling auf.

◉ www.maerkischer-kreis.de

Ritterrüstungen begeistern in der Burg Altena.

Altena

Ihre Lage könnte kaum exponierter sein. Hoch über dem Lennetal thront die Burg Altena, eine der schönsten Höhenburgen Deutschlands und Wahrzeichen der Stadt Altena. Die Burg ist idealer Ausgangspunkt für eine Tour durch das märkische Sauerland. Beherbergt sie doch seit dem Jahr 2000 eine Dauerausstellung zur traditionsreichen Geschichte der Region. Aufgrund von aufwendigen Inszenierungen, welche die Besucher immer wieder mit einbeziehen, wird der Rundgang durch die Geschichte der Region, der von der geologischen und archäologischen Frühgeschichte über das Mittel- und Industriezeitalter bis in die Gegenwart reicht, zu einem anschaulichen und spannenden Erlebnis. Darüber hinaus kann die Burg Altena mit zwei weiteren Höhepunkten aufwarten. Zum einen beherbergt sie mit dem Museum der Grafschaft Mark das

In der Luisenhütte in Balve lässt sich die traditionelle Metallverarbeitung live beobachten.

älteste regionalgeschichtliche Museum Westfalens, und zum anderen die erste Jugendherberge der Welt. Eingerichtet wurde sie auf Betreiben des Altenaer Lehrers Richard Schirrmann im Jahr 1912. Bei einer Wanderung mit seinen Schülern kam ihm die Idee dazu. Wie sich die Mädchen und Jungen, natürlich strikt getrennt voneinander, damals zur Ruhe betteten, können Besucher hautnah erleben. Im Mädchenschlafsaal der noch im Originalzustand erhaltenen Jugendherberge kann Frau und auch Mann auf zwei Strohmatratzen im Doppelstockbett Probeliegen. Deutlich moderner geht es in der heutigen Jugendherberge zu, die sich am Eingang zum Unteren Burghof befindet. In ihrer heutigen Form ist die Burg, deren Ursprünge in die erste Hälfte des 12. Jahrhunderts zurückreichen, erst seit 1915 zu besichtigen. Aufgrund bürgerschaftlichen Engagements wurde die Burg, die im 18. und 19. Jahrhundert zusehends verfiel, von 1907 bis 1915 wieder aufgebaut. Bürgerschaftliches Engagement ist es auch, dass mit der Gründung der Märkischen Kulturstiftung Burg Altena seit 1998 dazu beiträgt, dass das überregionale Wahrzeichen vor dem Verfall gerettet wird. Altena ist aber nicht nur Burg-, sondern auch Drahtstadt. Sichtbares Zeichen dafür sind die, in dieser Form wohl einmaligen, Drahtbäume entlang der Lenneuferstraße. Im 1965 gegründeten Deutschen Drahtmuseum, das seit 1994 im 300 Meter unterhalb der Burg gelegenen ehemaligen Mädchengymnasium untergebracht ist, wird die Bedeutung der Drahtindustrie für Altena und deren Produkte deutlich.

Unter dem Motto „Vom Kettenhemd zum Supraleiter" wird großen wie kleinen Besuchern auf anschauliche und spannende Art die Geschichte des Drahtes vermittelt. Anfassen ist bei vielen Präsentationen nicht nur erlaubt sondern ausdrücklich erwünscht. Noch heute prägt die Draht- und Metallindustrie das Stadtbild. Empfohlen sei eine Fahrt durch die Nettestraße zum Ortsteil Dahle. Aufgrund der früher genutzten Wasserkraft des Nettebaches reiht sich in dem engen Tal auch heute noch immer Firma an Firma.

Geschichte und Kultur

Gleich zu Beginn der Fahrt durch die Nettestraße bietet sich Kultur- und Architekturfreunden ein ebenso kurioses wie seltenes Bild. Auf einer Insel in der Mitte der Nettestraße steht das Apollo-Kino. Bereits seit 1924 werden in dem Gebäude, Filme gezeigt. Aus dem 16. Jahrhundert stammt Altenas zweite Burg. Wobei die Burg Holtzbrinck unweit der Lenne im eigentlichen Sinne gar keine Burg, sondern ein Herrenhaus ist. Den Titel „Burg" erhielt das Haus aufgrund seiner burgartigen Anlage. 1972 kaufte die Stadt Altena die gesamte Anlage und seit 1976 befindet sich dort die so genannte Bürgerburg, ein Kultur- und Bürgerzentrum für Gruppen und Vereine. Im Georg-von-Holtzbrinck-Saal finden regelmäßig kulturelle Veranstaltungen statt. Weitere sehenswerte Bauten sind das Haus Köster Emden, ein 1707 erbautes Reidemeisterhaus, das seit 1976 die Stadtgalerie beherbergt, sowie die Pfarrkirche St. Matthäus. Die von dem Dortmunder Architekten Heinz Klomp entworfene Kirche wurde 1896 bis 1899 errichtet und gilt als ein bedeutendes Beispiel der Neugotik.

Herrliche Ausblicke auf die Stadt genießt der Wanderer vom neuen Wanderweg „Sauerland Höhenflug" aus, der ebenso wie der historische Drahthandelsweg durchs Stadtgebiet verläuft.

Beim Optimum in Balve zeigen Pferd und Reiter, was sie können.

▶ **Der besondere Tipp:**

Auf Zeitreise durch die Geschichte Altenas können Besucher bei einer der zahlreichen Stadtführungen gehen, die vom Tourismusverein durchgeführt werden. Hier erfährt man unter anderem Kurioses aus alter Zeit, lernt die starken Frauen von Altena kennen oder wandelt auf den Spuren jüdischen Lebens sowie der ersten Jugendherberge.
◉ www.altena.de

Balve

Eine Höhle hat den Namen der Stadt weit über die Grenzen der Region hinaus bekannt gemacht. Die Balver Höhle zählt mit über 50.000 steinzeitlichen Fundstücken zu einem der wichtigsten Fundorte der Mittleren Altsteinzeit. Zugleich ist sie mit ihren 2.000 Quadratmetern die größte offene Kulturhöhle Europas. In der großen Halle mit fast 90 Metern Tiefe finden von Mai bis Ende Oktober Feiern, Messen, Konzerte sowie Theater- und Musikfestivals statt. Bis heute entlocken Forscher den Grabungsfunden aus der Höhle immer wieder neue Erkenntnisse. Danach waren die Balver Neandertaler, die diese Höhle genutzt haben, ihrer Zeit vermutlich weit voraus, und wendeten Techniken an, die bislang nur bei Menschen nachgewiesen wurden, die lange nach den Neandertalern gelebt haben. Im Jahr 2002 stießen Wissenschaftler zudem in einer Karstspalte auf Überreste von Dinosauriern aus der Kreidezeit vor etwa 130 Millionen Jahren. Die ereignisreiche Vor- und Frühgeschichte Balves wird in einer neuen Dauerausstellung anhand von ausgewählten Zeitinseln anschaulich dargestellt. Die Ausstellung ist in einem Haus auf dem Gelände der Luisenhütte im Ortsteil Wocklum untergebracht. Unweit des Hüttenensembles der Luisenhütte liegt das Schloss Wocklum mit seinen Anlagen des Reitervereins Balve. Die Sommerturniere des Balver Reitervereins sind von nationaler und internationaler Bedeutung. Das im Hochsommer stattfindende Balver Optimum ist internationaler Höhepunkt der jährlichen Reitersaison. Das Schloss, das um 1700 erbaut wurde, befindet sich in Privatbesitz und kann nur von außen besichtigt werden. Einen Blick ins Innere können Besucher hingegen in die romanische Hallenkirche St. Blasius werfen.

Balve liegt im Flusstal der Hönne, in dessen Massenkalk sich über 30 Natur-, Kultur- und Kulthöhlen befinden. Die Mehrzahl von ihnen befindet sich an der Bundesstraße 515, die sich wie die Gleise der Hönnetalbahn durch das enge Tal windet, das im Bereich der Felsen „Sieben Jungfrauen" eine klammähnliche Schlucht bildet. Auf einem steil ansteigenden Felsen thront seit dem Mittelalter die Burg Klusenstein, die auf dem Stadtgebiet von Hemer steht. Bereits seit dem 18. Jahrhundert wird der Massenkalk im Hönnetal abgebaut und industriell verarbeitet.

Dreh- und Angelpunkt im kulturellen Leben mit Musikfestivals, Konzerten und Theateraufführungen ist die Balver Höhle, die die Stadt an die Schützenbruderschaft St. Sebastian Balve verpachtet hat. Diese veranstaltet an jedem dritten Wochenende im Juli ihr Schützenfest. Höhepunkt ist hierbei der große Festzug am Sonntag durch die Innenstadt. Groß gefeiert mit zahlreichen Gästen wird alle zwei Jahre am zweiten Sonntag im September das Stadtfest.

▶ Der besondere Tipp:
Die Luisenhütte, am Rande des Naturparks Homert gelegen, gilt als die älteste, vollständig erhaltene und funktionstüchtige Hochofenanlage Deutschlands. 2004 wurde sie zum Denkmal von nationaler

Bedeutung erklärt und bis 2006 für rund zwei Millionen Euro zu einem Erlebnismuseum umgestaltet. Seitdem können Besucher auf einem Rundgang von oben in den Hochofen gucken, das große Wasserrad per Knopfdruck zum Laufen bringen oder beim aufwändig inszenierten Abstich des Roheisens dank Hitzestrahlern ins Schwitzen kommen. Die erstmals 1758 in Betrieb genommene und Mitte des 19. Jahrhunderts auf den letzten Stand der Technik gebrachte Anlage musste bereits 1865 stillgelegt werden. Die mit Steinkohlenkoks betriebenen Hochöfen im benachbarten Ruhrgebiet konnten die Verhüttung wesentlich effektiver durchführen.

⦿ www.balve.de

Halver

Halver ist „das schönste Dorf Westfalens". Ein Ausspruch, der von Freiherr von Vincke überliefert ist, als er 1839 zusammen mit dem Kronprinzen Friedrich Wilhelm und späteren König Friedrich Wilhelm IV., auf einer Reise in Halver Station machte. Zwar besitzt Halver seit der kommunalen Neuordnung im Jahr 1969 den Status einer Stadt, aber im Kern stimmt die Aussage von Freiherr von Vincke bis heute. Besticht das von Wäldern und Bergen des westlichen Sauerlandes umgebene Halver doch insbesondere durch seine landschaftlich reizvolle Lage an der Grenze zwischen Rheinland und Westfalen, die zu ausgedehnten Spaziergängen, Wanderungen oder weiteren sportlichen Aktivitäten einlädt. In den Sommermonaten wird die begünstigte Lage von Halver wohl an keinem anderen Ort im Stadtgebiet deutlicher als im wunderschön gelegenen Wald- und Freizeitbad „Herpine". Mit einer beeindruckenden Wasserfläche von über 6.000 Quadratmetern zählt das in einem von Wäldern umgebenen Tal gelegene Bad zu einem der größten Freibäder in Nordrhein-Westfalen. Das geographische und verkehrsmäßige Zentrum der Stadt bildet die 1783 erbaute evangelische Nicolai-Kirche. Gleich acht Straßen laufen sternförmig auf das Gotteshaus zu, das aufgrund seiner strahlend weißen äußeren Fassade schon von weitem zu erkennen ist. Vor allem für kunsthistorisch interessierte Besucher ist die Kirche einen Besuch wert. An der Ostseite der Saalkirche erhebt sich ein sehenswerter Hochaltar mit einer denkmalgeschützten Ibach-Orgel aus dem Jahre 1854, Wie sich die Stadt und das Leben der Bewohner im Laufe der Jahrhunderte verändert haben, wird anhand von zahlreichen Exponaten anschaulich im Heimatmuseum präsentiert. Besondere Aufmerksamkeit verdient dabei eine original erhaltene Vogelfanganlage, mit der noch bis zum Beginn des 20. Jahrhunderts der Vogelfang betrieben wurde. Dank des Bundes für Umwelt- und Naturschutz Deutschland (BUND) und des Vereins Heesfelder Mühle entstand rund um die gleichnamige Wassermühle ein attraktives Gelände. Die betriebsbereite Wassermühle, die wahlweise ein historisches Mahlwerk oder einen Stromgenerator antreibt, dient dem Zentrum für Naturschutz und Kulturlandschaftspflege als Begegnungsstätte. Im Mittelpunkt des Kulturlebens steht dabei der 1995 im ehemaligen Bahnhof eingerichtete „Kulturbahnhof" mit Stadtbücherei, Café und Veranstaltungssaal. Kulturelle Höhepunkte im Veranstaltungskalender sind der „Halveraner Herbst", die zwei Wochen nach Pfingsten stattfindende Kirmes und das Stadtfest.

Er ist 23,50 Meter hoch und eines der Wahrzeichen von Halver – der Aussichtsturm auf der über 400 Meter hohen Karlshöhe. Von hier aus genießt der Wanderer einen herrlichen Blick über die Wälder des Sauerlandes.

- www.halver.de

Hemer

Es reicht bis nahe an die Innenstadt und ist ein einzigartiges Naturdenkmal, das Besucher immer wieder in Erstaunen versetzt. Riesige Kalksteine türmen sich im Felsenmeer auf und es sieht so aus, als wenn sich in dem rund 13 Hektar großen Gebiet die Steine in tosender See auf und ab bewegt hätten und im größten Sturm zur Ruhe gekommen wären. Entstanden ist die bizarre Felslandschaft allerdings aufgrund natürlicher Verkarstung und dem mehrere Jahrhunderte unter dem Gebiet durchgeführten Eisenerzabbau. Das Felsenmeer kann das ganze Jahr über auf befestigten Wegen besichtigt werden. Im Zuge der Landesgartenschau 2010 in Hemer soll das Naturschutzgebiet mit Brücken, Stegen und einer Aussichtsplattform für Touristen neu erschlossen werden. Mit der Landesgartenschau wandelt sich das ehemalige Gelände der Blücherkaserne, die von der Bundeswehr Anfang 2007 aufgegeben wurde, in eine Parklandschaft. Ziel der Stadt Hemer ist es, bei der Landesgartenschau auf Nachhaltigkeit und Ganzheitlichkeit zu setzen. Neben einer Verbesserung der Infrastruktur in der Innenstadt soll das ehemalige Kasernengelände Raum für Entspannung, aber auch sportliche Aktivitäten bieten. Das Hemer eine Stadt der Industrie ist, fällt aufgrund ausgedehnter Wälder und der abwechslungsreichen grünen Landschaft nicht sofort ins Auge. Die Drahtzieherei hat hier einen ihrer Ursprünge und noch immer sind Maschinen zur Drahtverarbeitung aus Hemer ebenso wie Badarmaturen oder Draht weltweit gefragt. Im Heimatmuseum wird die industriegeschichtliche Entwicklung im Raum Hemer anhand zahlreicher Exponate und Modelle vermittelt. Auf einem Kalksteinfelsen thront die Burg Klusenstein über dem Hönnetal. Insbesondere von der Bundesstraße zwischen Balve und Hemer bietet sich ein interessanter Blick hinauf zur Burg, welche die Grafen von der Mark aufgrund der Grenzlage zu Kurköln 1353 an dieser Stelle errichten ließen. Heute gehört die Burg zum Gebiet der Firma Rheinkalk und kann nur von außen besichtigt werden.

Ausstellungsstücke zur Erd-, Industrie- und Stadtgeschichte Hemers werden in einer Jugendstil-Villa, die zwischen Hemer und dem Ortsteil Sundwig liegt, gezeigt. Das Heimatmuseum ist täglich außer montags und samstags geöffnet.

Nach Vereinbarung sind Führungen von Gruppen möglich.
◉ www.felsenmeer-museum.de

▶ Der besondere Tipp
Sie ist nicht nur die einzige Wassermühle im Märkischen Kreis, sondern auch die einzige noch in Betrieb befindliche. Im Mühlenladen der Alberts Mühle im Stadtteil Sundwig, die aus dem Jahr 1865 stammt, können alle gängigen Mehlsorten von Roggen über Gerste bis hin zu Hirse käuflich erworben werden. In der Mühle selbst werden im Jahr rund 270 Tonnen Roggen zu Mehl verarbeitet.

Angetrieben wird die kleine Turbine mit dem Wasser aus dem Mühlenteich. In trockenen Sommern wird ein Elektromotor dazugeschaltet. Die Inhaber geben gerne Tipps, damit es mit dem Brotbacken auch im heimischen Backofen gut klappt.
◉ www.hemer.de

Herscheid

„Herscheid – mittendrin". Mit diesem Slogan wirbt die Gemeinde, und verdeutlicht damit, dass sie mitten im „Naturpark Ebbegebirge" liegt. Im Herzen einer von

Menschen gestalteten Kulturlandschaft, die naturnah belassen oder entwickelt und möglichst von allen umweltschädlichen Einwirkungen freigehalten wird. Zudem besitzt Herscheid mit rund fünf Prozent die geringste Siedlungsdichte im Märkischen Kreis. Fast 60 Prozent des Gemeindegebietes sind bewaldet. Herscheids höchste Erhebung, die 663 Meter Nordhelle, ist zugleich die höchste im gesamten nordwestlichen Sauerland. Im Winter bietet der Ebbehang mit Liftbetrieb ideale Bedingungen für Skifahrer und Rodler. Bei ausreichender Schneelage spurt der Förderverein Ebbekamm-Loipe auf der Nordhelle eine rund 20 Kilometer lange Langlaufloipe. Von den zahlreichen Wanderparkplätzen im Naturpark führen gut markierte Wanderwege durch die abwechslungsreiche Landschaft mit Wäldern, Wiesen und Feldern. Im Frühjahr bietet das Naturdenkmal Herveler Bruch am Fuße des Ebbekamms mit seiner Blütenpracht unzähliger Märzenbecher ein besonders reizvolles Naturschauspiel. Wissenswertes über die Landschaft des Ebbegebirges vermittelt ein Naturlernpfad, der am Wanderparkplatz am Fuße der Nordhelle beginnt. Der etwa zweistündige Rundweg führt auch zum höchsten Punkt der Nordhelle. Vom 18 Meter hohen Robert-Kolb-Turm, der 1913 eingeweiht wurde, genießt der Wanderer an klaren Tagen eine Fernsicht bis zum Siebengebirge und Münsterland. Ein Grubenlehrpfad am Silberg dokumentiert, unter welchen Bedingungen bis Mitte des 19. Jahrhunderts Schwerspat und Silber abgebaut wurde. Der Pfad beginnt oberhalb der Herscheider Mühle und führt hoch bis zur Straße nach Gasmert.

Im Herzen der Gemeinde stehen zwei ihrer Wahrzeichen in unmittelbarer Nachbarschaft. Das 300-jährige Fachwerkhaus Spieker und die Apostelkirche. Der Spieker ist eines der letzten Zeugnisse alter Wohnbebauung in Herscheid. Er diente einst dazu, die Naturalien aufzunehmen, die an der Kirche abgeführt werden mussten. Der bauliche Ursprung datiert wahrscheinlich in das 17. Jahrhundert. Das eigentliche Hauptgebäude ist in seiner jetzigen Form um 1800 entstanden. Neben dem Trauzimmer und der Bücherei, befindet sich seit dem Jahr 2006 die Heimatstube des Geschichts- und Heimatvereins in dem Gebäude. Erst seit 1971 trägt die Apostelkirche ihren heutigen Namen. Anlass für die Namensgebung war unter anderem ein Fresko mit einer Apostelldarstellung,

Hier spielt die Musik - In Iserlohn bilden musikalische Veranstaltungen den Mittelpunkt der Kultur.

das bei einer Renovierung an der nördlichen Chorraumwand wieder entdeckt wurde. Besonders beachtenswert in der romanischen Kirche, deren Anfänge in die Zeit des 11. Jahrhunderts fallen, das Chorgestühl von 1548, der Orgelprospekt aus dem 17. Jahrhundert und die Barockkanzel. Der ehemalige spätgotische Altar vom Beginn des 16. Jahrhunderts steht im Museum der Burg Altena. Bereits seit 1950 ist der Ahe-Hammer im Tal der Schwarzen Ahe, der erstmals 1562 geschichtlich erwähnt wird, ein Kulturdenkmal. Bis zur Stilllegung 1945 wurden Zieheisen für die Drahtherstellung angefertigt. Die gesamte Anlage mit ihren beiden über ein Wasserrad angetriebenen Hämmern ist voll funktionsfähig und kann nach Voranmeldung von Gruppen besichtigt werden (Ansprechpartner: Firma Krupp Brüninghaus, Werdohl). Eine Außenbesichtigung ist jederzeit möglich.

Zwischen dem Herscheider Ortsteil Hüinghausen und Plettenberg-Köbbinghausen verkehrt seit Anfang der 1980er Jahre die Sauerländer Kleinbahn. Unterhalten werden die Fahrzeuge vom Verein Märkischen Museums-Eisenbahn, dessen Mitglieder sich um den Erhalt und die Restaurierung der Lokomotiven und Waggons kümmern. Fahrbetrieb auf der 2,5 Kilometer langen Schmalspurstrecke findet von Mai bis Oktober statt. Besonders beliebt bei den Fahrgästen sind in den Sommermonaten

Die historische Fabrikanlage Maste-Barendorf in Iserlohn.

die offenen Waggons, bei denen man während der gemächlichen Fahrt nicht nur die Landschaft bewundern sondern sich auch noch den Fahrtwind um die Nase wehen lassen kann.
◉ www.sauerlaender-kleinbahn.de

▶ Der besondere Tipp
Hoch hinaus geht es seit einigen Jahren am Ebbehang der Nordhelle. Drachen- und Gleitschirmflieger bietet der Hang ideale Bedingungen für Soaring- und Thermikflüge, die einen beeindruckenden Blick auf die umliegenden Talsperren ermöglichen. Nähere Auskünfte: Flugschule Oberberg (◉ www.flugschule-oberberg.de), Drachenfliegen (Telefon 02371/5758)
◉ www.herscheid.de

Iserlohn

Iserlohns Wahrzeichen steht mitten im Stadtwald auf dem fast 400 Meter hohen Fröndenberg. Der Danzturm wurde nach einjähriger Bauzeit 1909 eingeweiht, und nach dem Iserlohner Ehrenbürger Prof. Ernst Danz benannt. Vom Turm bietet sich ein traumhafter Blick über die Stadt. Überregional bekannt ist Iserlohn unter anderem durch den Eishockeyverein „Iserlohn Roosters", die Dechenhöhle im Stadtteil Letmathe und das Bier der Privatbrauerei Iserlohn. Wegen seiner großen Waldflächen im Stadtwald, im Seilerwald und auf der Humpfert führt die Stadt den Beinamen „Waldstadt". Ein Blick über die bewaldete Humpfert ist vom gleichnamigen Turm aus jederzeit möglich. Iserlohn verfügt über mehrere Museen und Sammlungen – gleich zwei Heimatmuseen befassen sich mit der Geschichte der Stadt. Landschaftlich reizvoll liegt die Historische Fabrikanlage Maste-Barendorf, die wegen ihrer Lage gerne von Wanderern und Radfahrern besucht wird. In dem kleinen Fabrikendorf aus dem frühen 19. Jahrhundert wird die Herstellung einer Nadel vom Draht bis zum Endprodukt gezeigt. Für Liebhaber hochprozentiger Genüsse lohnt sich ein Abstecher zur historischen Kornbrennerei Bimberg im Norden der Stadt. Die Gutsbrennerei wurde 1858 gegründet und ist seither im Familienbesitz. Bei Brennereiführungen können die verschiedenen Liköre verköstigt werden. Einige der ältesten Gebäude der Stadt finden sich unweit der Innenstadt. Die evangelische St. Pankratiuskirche,

Das Stadtmuseum in Iserlohn ist in historischen Gemäuern untergebracht.

deren Ursprünge um 1000 liegen, ist das älteste erhaltene Gebäude der Stadt. In Sichtweite oberhalb auf dem Felsen Bilstein steht die evangelische „Oberste Stadtkirche". Die gotische Hallenkirche aus dem 13. Jahrhundert beherbergt mit dem flandrischen Schnitzaltar aus der Zeit um 1400 und einem Tafelgemälde um 1450 Kunstschätze von besonderem Wert. Sehenswert im Stadtteil Letmathe ist die katholische Pfarrkirche St. Kilian aus dem Jahr 1917, die im Volksmund als „Lennedom" bezeichnet wird. Die vom Aachener Dombaumeister Joseph Buchkremer entworfene Kirche ist die größte im Märkischen Kreis.

Im Mittelpunkt des Iserlohner Kulturlebens steht das 1964 eröffnete Parktheater auf der Alexanderhöhe mit zwei Bühnen. Das „Große Haus" bietet Platz für 800 und die „Studiobühne" für rund 100 Zuschauer. Daneben gibt es noch einen Konzert- und Veranstaltungssaal mit 180 Plätzen. In einem der ältesten privaten deutschen Jazzclubs, dem 1952 als „Hot Club Iserlohn" gegründeten „Jazzclub Henkelmann", treten regelmäßig nationale und internationale Jazzgruppen und -sän-

Bausünde oder markantes Gebäude mit Wiedererkennungswert? Das Rathaus in Iserlohn.

ger auf. Zudem gehören mehrere Musikfestivals zum festen Bestandteil im jährlichen Kulturkalender der Stadt. Zudem verfügt Iserlohn in der Innenstadt über ein modernes Multiplexkino mit sieben Sälen. Eines der größten Volksfeste Südwestfalens, das Schützenfest des Iserlohner Bürgerschützenvereins, findet alljährlich im Sommer auf der Alexanderhöhe statt.

Die Dechenhöhle im Stadtteil Letmathe ist ein einzigartiges Natur- und Bodendenkmal und gilt als eine der schönsten Tropfsteinhöhlen Deutschlands. 1868 zufällig beim Bau der Eisenbahnlinie zwischen Iserlohn und Letmathe entdeckt, wird sie auch heute noch von Höhlenforschern erkundet, die immer wieder neue Höhlen und Höhlengänge entdecken. Der Höhle angegliedert ist das einzige Höhlenkundemuseum Nordwestdeutschlands, dessen Höhepunkte ein im Jahr 2000 ausgegrabenes Skelett eines Höhlenbärenbabys, ein 1993 gefundener Schädel eines Waldnashorns und die lebensgroße Nachbildung eines Höhlenbären sind. In der Dechenhöhle finden regelmäßig Familienführungen statt, bei dem Kinder mit Taschenlampen und Fahrradhelmen ausgerüstet auf Erlebnistour in die Höhle gehen, und auch Nebengänge erkunden können.
◉ www.dechenhoehle.de.

▶ Der besondere Tipp
Für die Iserlohner ist es gewiss kein besonderer Tipp, den Seilersee aufzusuchen. Ist der Seilersee, der eigentlich eine Talsperre (Callerbachtalsperre) ist, für viele Iserlohner doch das Naherholungsgebiet schlechthin. Was wenig verwundert, bietet der See doch ein breit gefächertes Sport- und Freizeitangebot für die ganze Familie. Um den See führen befestigte Wege. Für Wanderer bietet sich ein Abstecher zum Bismarckturm an, der allerdings nur von außen besichtigt werden kann. Eine Turmbesteigung ist ausschließlich nach vorheriger Kontaktaufnahme mit der Stadtinformation Iserlohn möglich. Für eine gemütliche Fahrt über den See stehen Ruder- und Tretboote zur Verfügung. Sportlich geht es unter anderem in der Eissporthalle und im Seilerseebad zu.
◉ www.iserlohn.de

Kierspe

Vor mehr als 1000 Jahren fand das in einer ausnehmend abwechslungsreichen Landschaft gelegene Kierspe erstmals urkundliche Erwährung. Noch heute besitzt die westfälische Stadt den Charme und die typischen geographischen Merkmale einer historischen Kirchenkreisbebauung. So ist die heutige Pfarrkirche St. Margaretha, die bereits im 14. Jahrhundert eine ursprüngliche Holzkirche ersetzte, noch immer Mittelpunkt und sichtbares Zeichen der Stadt. Durch ihren hohen Zwiebelturm hebt sie sich besonders von der Landschaft ab. Eine historische, ringförmige Wegführung ist daher auch heute noch vorhanden. Das an der B 54 gelegene ehemalige Wasserschloss und Rittergut Rhade bildet den urkundlichen Ursprungs- und Ausgangspunkt der Stadt. Umschlossen von einem imposanten Hausgraben liegt das eindrucksvolle Gebäude aus dem 9. Jahrhundert inmitten einer von alten Baumgruppen dichtbestandenen Parkanlage. Da das Gut heute ein privater Wohnsitz ist, ist eine Innenbesichtigung nicht möglich. Neben diesem idyllisch gelegenem Bauwerk erinnert auch das Naturdenkmal Thingslinde als historisches Zeugnis an längst vergangene Zeiten. Der mittelalterliche Gerichtsbaum stand einst an der äußerst wichtigen Landstraße zwischen Amsterdam und Frankfurt und ist heute ein beliebtes Ziel für Wanderer und Jogger. Als ein weiteres und ebenso beliebtes Ausflugsziel für Wanderer und Familien verdient der Wienhagener Turm besondere Aufmerksamkeit. Am Rande des Naturparks Ebbergebirge gelegen, bietet der Aussichtsturm 479 Meter über dem Meeresspiegel einen fabelhaften Blick über die parkartige Landschaft, über Wiesen, Felder und Wälder. Der im Jahr 1929 erbaute und 2000 renovierte und durch den heimischen Künstler Werner Baumgart unter dem Motto „Lauf durch die Zeit" gestaltete Turm ist am Himmelfahrtstag Mittelpunkt des Turmfestes und Ziel für zahlreiche Vatertagswanderer. Ausführliche Einblicke in die Bakelitindustrie bietet das wohl erste deutsche Bakelitmuseum im Alten Amtshaus. Der „Stoff der tausend Dinge" wird in einer vielfältigen Sammlung aus Gebrauchsgegenständen dargestellt: von der Küchenmaschine bis zum Fahrradgriff, vom Volksempfänger bis zum Aschenbecher.

Im Mittelpunkt des kulturellen Geschehens stehen musikalische Veranstaltungen für jeden Geschmack. In den Sommermonaten richtet das idyllisch gelegene Gut Haarbecke Livekonzerte unter freiem Himmel aus. Auch in der Zeit von Herbst bis Frühjahr finden regelmäßig musikalische Veranstaltungen statt.

Namhafte heimische Orchester und Chöre sowie überregional bekannte Künstler nutzen die besondere Akustik der Servatiuskirche für Rönsahler Kirchenkonzerte. Umrahmt von markanten architektonischen Details bietet auch das Haus Isenburg eine individuelle Kulisse für zeitgenössische Kunst und Ausstellungen der etwas anderen Art.

▸ Der besondere Tipp
Abenteuerlustige und Wagemutige können die Kiersper Landschaft und auch die umliegende Region aus luftiger Höhe genießen. Bei einer Fahrt mit dem Heißluftballon bietet sich den „Reisenden" nicht nut ein einzigartiger Blick auf Wälder, Wiesen und Berge. Weitere Informationen unter
◉ www.skywatch.de
◉ www.kierspe.de

Lüdenscheid

Im Zentrum des Märkischen Sauerlandes, umgeben von einer reizvollen Mittelgebirgslandschaft, liegt Lüdenscheid, seit 1975 Kreisstadt des Märkischen Kreises. In früheren Zeiten war die Stadt bekannt durch ihre Vielzahl an Drahtziehereien und Hammerwerken, für die die Vorraussetzungen insbesondere durch die Möglichkeiten zur Nutzung von Wasserkraft der Flüsse Lenne und Volme gegeben war. Um 800 fand das Kirchdorf Lüdenscheid erstmals schriftlich Erwähnung, wurde aber erst im Jahre 1268 zur Stadt ernannt und gelangte im 15. und 16. Jahrhundert als von alters her Eisen herstellender und verarbeitender Industriestandort sowie Mitglied der Hanse zu europaweiter Bedeutung. Besucher schlendern gern durch die ringförmig gestaltete Altstadt, die mit gut erhaltenen, historischen Gebäuden aufwartet. Aufgrund mehrerer Stadtbrände ist jedoch kein Haus erhalten, das über 286 Jahre alt ist. Urige Kneipen und Restaurants laden zum Verweilen ein. In einigen der ältesten Häuser Lüdenscheids sind nach wie vor traditionsreiche Gaststätten und Kneipen angesiedelt. Die Innenstadt mit dem komplett erneuerten Rathausplatz und Sternplatz direkt im Zentrum bietet alle Annehmlichkeiten für einen gepflegten Einkaufsbummel. Inmitten der Wilhelmstraße als Haupteinkaufsmeile befindet sich das Stern-Center mit attraktiven Fachgeschäften und abwechslungsreicher Gastronomie. Beliebter Treffpunkt ist das „Brauhaus Schillerbad" (Jockuschstraße 3), das in und um das Gebäude einer zu Beginn des vorigen Jahrhunderts gebauten Badeanstalt errichtet wurde. Überregional ist Lüdenscheid als „Stadt des Lichts" bekannt, denn Lichtinszenierungen spielen im öffentlichen wie kulturellen Leben eine besondere Rolle. Licht akzentuiert Gebäude sowie öffentliche Wege und Orte in besonderer Weise. Neben offenen Altstadtführungen (von April bis Oktober jeden ersten Donnerstag ab 17 Uhr und jeden dritten Sonntag ab 11.15 Uhr) gibt es die Möglichkeit, an offenen Lichtführungen (von Oktober bis März an jedem ersten Donnerstag ab 19.30 Uhr) teilzunehmen. Treffpunkt für beide Führungen ist der Rathauseingang auf dem Rathausplatz.

Das im Jahr 1981 eingeweihte und vom Stuttgarter Architektenteam Gutbrod, Billing, Peters und Ruff entworfene Kulturhaus, Freiherr-vom-Stein-Straße 9, ist in seiner eigenwilligen Optik aus prägnanter geometrischer Form, Kupfer sowie gedeckten Blau- und Grautönen ein architektonisches Highlight der Stadt. Hochklassige Theater-, Musik- und Kleinkunstveranstaltungen – explizit die „Lüdenscheider Kleinkunsttage" – haben das Haus auch überregional bekannt gemacht. Eine weitere beeindruckende Location für Kultur-Events stellt das Freilufttheater „Waldbühne" im Stadtpark dar. Die „Museen der Stadt" an der Sauerfelder Straße beinhalten das Museum der Stadt- und Regionalgeschichte sowie das der zeitgenössischen Kunst, die „Städtische Galerie". Für das imposante Gebäude verbanden die Architekten das einstige Amtshaus in der Freiherr-vom-Stein-Straße mit einem ehemaligen Bankgebäude im oberen Teil der Sauerfelder Straße durch einen modernen Glasbau.

Der Besuch der „Phänomenta" ein in Nordrhein Westfalen wohl einzigartiges Science-Center, ist ein faszinierendes Erlebnis für Wissensdurstige jeden Alters. Verblüffende Phänomene der Physik, denen Wissenschaftler aus der ganzen Welt auf die Spur gekommen sind, werden hier anhand unzähliger praktischer Experimente erlebbar gemacht. Nicht nur zuschauen, sondern anfassen und mitmachen lautet die Devise. Selbst Besucher, die bisher noch keinen Zugang zur oft trockenen Materie Physik gefunden haben, lassen sich von den mehr als 130 Experimentier-Stationen gerne mitreißen.

◉ www.phaenomenta.de

Die Lüdenscheider Schützenhalle.

Die Lüdenscheider Altstadt lädt zum Bummelnn und Verweilen ein.

▶ Der besondere Tipp

Am Oberlauf der Verse, direkt an der Brüninghauser Straße, befindet sich ein beredter Zeuge der vorindustriellen, eisengewerblichen Zeit. Der „Bremecker Hammer", dessen Ursprünge bis auf das Jahr 1753 zurückgehen, wurde schon vor vielen Jahren zu einem heimatgeschichtlichen Museum umfunktioniert, in dem die traditionelle Herstellung von geschmiedetem Eisen hautnah erlebt werden kann. Der gelernte Bau- und Kunstschlosser Dietmar Conradt und sein Team zeigen den Besuchern gern, wie an einem noch heute betriebsfähigen, original Doppel-Schwanzhammer Osemund-Stahl geschmiedet wurde. Insgesamt können hier drei Fallhämmer, zwei Federhämmer, ein Riemenschwanzhammer und zwei Wasserhämmer bewundert werden – die meisten Maschinen sind noch voll funktionsfähig und werden regelmäßig betrieben. Über das Jahr finden im Bremecker Hammer regelmäßig Veranstaltungen wie Ritter- oder Kinderfeste statt. Geöffnet ist der Bremecker Hammer vom 1. Mai bis 15. Oktober immer freitags von 14 – 17.30 Uhr sowie samstags,

sonntags und feiertags von 10 – 17.30 Uhr. Tel.: 02351/42400.
- www.bremecker-hammer.de.
- www.luedenscheid.de

Meinerzhagen

In Meinerzhagen, 460 Meter über dem Meeresspiegel, entspringt einer der bedeutendsten Flüsse des märkischen Sauerlandes – die Volme. In früheren, vorindustriellen Zeiten Lieferant für Wasserkraft, ist die Volme heute eine Eldorado für Wassersportler, Angler und Wanderer. Nach 50 Kilometern mündet sie in Hagen in die Ruhr. Und auch ihr Ursprung, die Quelle im Volmehof, ist für Wanderer ein beliebtes Ausflugsziel. Im Jahr 1937 wurde sie im Rahmen eines großen Festes feierlich eingeweiht, und nun weisen zwei fein geschnitzte Hinweisschilder Einheimischen wie Besuchern den Weg zu ihr. Ein ebenfalls beliebtes Ziel ist der Krim, eine markante Straße im Herzen der aufwendig gestalteten Meinerzhagener Altstadt. Inmitten dieser historischen Umgebung befindet sich ein malerisches Gebäudeensemble aus dem 17. Jahrhundert. Seit 1867 werden hier die beliebten Krugmannbrände und -liköre gebrannt.

Im Bremecker Hammer werden traditiionelle Schmiedeverfahren erlebbar gemacht..

Nicht weit entfernt und nicht minder historisch relevant präsentiert sich die auf einer Anhöhe gelegene romanische Jesus Christus Kirche. Im Gegensatz zu den übrigen Hallenkirchen des märkischen Kreises steht die im 13. Jahrhundert erbaute Emporenbasilika deutlich unter rheinischem Einfluss. Der besondere Emporenbau der Pilgerkirche erforderte zur Entstehungszeit hohe technische und konstruktive Kenntnisse, um die funktionellen Begebenheiten zudem künstlerisch zu gestalten und den zahlreichen Wallfahrten Platz zu bieten. Im Laufe der Jahrhunderte wurde die Kirche mehrmals sowohl umgebaut als auch restauriert, so dass den kunsthistorisch begeisterten Besucher heute Restaurationen von Malereifragmenten und die gelungene Kombination aus traditioneller und moderne Innengestaltung erwarten. Historisch ebenso interessant ist auch das südlich von Meinerzhagen gelegene Schloss Badingen. Von dem mittelalterlichen Rittergut ist heute nur noch das von Gräben und Teichen umgebene kleine Wasserschlösschen erhalten. Auch der zweite Rittersitz bei Meinerzhagen, Gut Listringhausen, befindet sich in Privatbesitz und ist nicht zu besichtigen. Einen Blick ins Innere können Besucher hingegen in die Knochenmühle vom Mühlenhofe werfen. Sie ist das letzte erhaltene technische Kulturdenkmal ihrer Art. Die Mühlenanlage mit einem Stampfwerk wurde etwa 1837 erbaut und ist noch heute voll funktionsfähig. Die Knochenmühle kann nach Voranmeldung und zu bestimmten Anlässen, wie dem Tag des Offenen Denkmals und am zweiten Sonntag im September, in Absprache mit dem Heimatverein (Telefon 02358/243) besichtigt werden.

Kulturmittelpunkt mit Theateraufführungen, Konzerten oder Filmvorführungen ist die Meinerzhagener Stadthalle. Hier finden regelmäßig Veranstaltungen statt. Kunstinteressierte können das „Inti Huatana", ein als das größte des 20.Jahrhunderts bezeichnetes Ölgemälde, bewundern. Das Gemälde des peruanischen Künstlers Antonio Maro ziert an exponierter Stelle das Innere der Stadthalle.

▶ Der besondere Tipp

Einen Ausflug der besonderen Art bietet die Besichtigung der Krugmann Brennerei. Glänzende Kupferkessel, Eichenholzfässer und duftende Kräuter sorgen für das Flair der traditionsreichen und zugleich modernen Brennerei. War die Kornbrennerei früher oftmals noch eng mit landwirtschaftlichen

Betrieben verbunden, ist sie heute ein bedeutender Wirtschaftszweig. Bei der Besichtigung des aus dem 19. Jahrhundert stammenden Betriebes haben Interessierte die Gelegenheit, die angebotenen Spirituosen zu kosten. Informationen und Anmeldungen unter Telefon 02354/915919.

⦿ www.meinerzhagen.de

Menden

Der Ortskern der über 725 Jahre alten Stadt Menden wird durch die historische Altstadt mit der dreijochigen Hallenkirche St.-Vincenz aus dem 14. Jahrhundert und liebevoll restaurierten Fachwerkhäusern aus dem 18. und 19. Jahrhundert bestimmt. Von der mittelalterlichen Stadtbefestigung sind nur noch ein kleines Stück Stadtmauer zwischen den Häusern „An der Stadtmauer" 3 und 5 und zwei der ursprünglich zehn Türme erhalten. In einem der Türme, dem Teufelsturm, ist seit Anfang der 1980er Jahre ein Karnevalsmuseum beheimatet. Das städtische Museum, eines der ältesten in Westfalen, ist im „Biggeleben-Haus" untergebracht, einem prächtigen Patrizierhaus aus dem Jahre 1730. Eine Besonderheit der umfangreichen Sammlung, die von der Altsteinzeit bis ins 20. Jahrhundert reicht, ist die Inneneinrichtung eines Ackerbürgerhauses, die noch im Originalzustand erhalten ist. In der Abteilung „Stein- und Eiszeit" sind Originale vom Höhlenbärenskelett bis zum Wollnashornschädel, vom Faustkeil bis zur primitiven Feuerstelle zu sehen. Mendens Stadtgebiet wird im Norden von Wiesen und Feldern des Ruhrtals bestimmt, während im Westen und Süden dichte Fichten- und Laubmischwälder dominieren. Die waldreiche Umgebung bietet vielfältige Möglichkeiten zur Erholung und sportlichen Betätigung. Mitten in der Natur liegt das Waldbad Leitmecke, das seit 2007 von einem Bürgerverein getragen wird. Natur pur kann der Besucher auch im Naturbad Biebertal erleben und genießen. In dem naturnahen Freibad erfolgt die Reinigung des Badewassers rein biologisch, ohne den Einsatz von Chemikalien.

350 Vereine mit 30.000 Mitgliedern sprechen eine deutliche Sprache: Die Mendener Bürgerinnen und Bürger engagieren sich für ihre Stadt – auch im Bereich Kultur. Allein vier Theatergruppen mit eigener Bühne sind in der 60.000-Einwohner-Stadt beheimatet. Unter dem Mendener Hallenbad inszeniert der Verein „Katastrophen Kultur" im Zimmertheater Scara-

Munteres Treiben in Menden. Im Hintergrund ist die Kirche St. Vincenz zu erkennen.

mouche eigene Aufführungen und organisiert Gastauftritte. Im Saal einer Gaststätte im Stadtteil Halingen spielt das Halinger Dorftheater jährlich von Januar bis April einen Schwank. Ein ehemaliges Fabrikgebäude ist die Heimat des Mendener Amateur Theaters (M.A.T.). Zwar wird das Theater am Ziegelbrand von der Stadt Menden betrieben, doch das Ensemble, das Jahr für Jahr ein abwechslungsreiches Kulturprogramm auf die Beine stellt, arbeitet ehrenamtlich. Neben den Laienbühnen gibt es noch die Städtischen Saalbetriebe Wilhelmshöhe, wo Tourneetheater gastieren. In der ehemals kurkölnischen Stadt spielt der Karneval, der bereits vor 1700 urkundlich erwähnt wird, noch immer eine große Rolle. Höhepunkt im närrischen Kalender ist der traditionelle Umzug durch die Innenstadt am Tulpensonntag (Sonntag vor Rosenmontag). Eine feste Größe im Kulturleben der Stadt sind zudem die Feste der insgesamt 15 Schützenvereine. Neben den Schützenfesten ist der „Mendener Sommer" der Treffpunkt für Bürger und Auswärtige. Im Juli und August treten internationale Gruppen im Herzen der Stadt auf. In Menden-Barge liegt das Segelfluggelände der Luftsport-

gruppe Menden. An Wochenenden mit guten Wetterbedingungen besteht die Möglichkeit eine Runde in einem Segelflugzeug mitzufliegen, und den Nordrand des Sauerlandes von oben zu genießen.
◉ www.lsgmenden.de.

▶ Der besondere Tipp

Seinen Namen bekam der Teufelsturm vermutlich im Mittelalter zur Zeit der Hexenverfolgung, als in ihm die der Hexerei angeklagten Frauen und Männer eingekerkert waren. Die Mitglieder der Mendener Karnevalsgesellschaft Kornblumenblau (MKG) bewahrten den Turm Ende der 1970er Jahre vor dem Verfall und richteten dort 1981 eine Ausstellung zur Westfälischen Fastnacht ein. Anlässlich des 25-jährigen Jubiläums wurde diese neu konzipiert, so dass Besucher heute ein modernes Erlebnismuseum entdecken können.

Das Westfälische Karnevalsmuseum im Teufelsturm bietet eine umfassende Darstellung der Westfälischen Fastnacht in ihrer Geschichte, Entwicklung und heutigen Ausdrucksform.
◉ www.teufelsturm menden.de
◉ www.menden.de

Nachrodt-Wiblingwerde

Mit rund 7.000 Einwohnern ist die Doppelgemeinde Nachrodt-Wiblingwerde die kleinste unter den 15 Gemeinden und Städten des märkischen Sauerlands. Und dennoch bietet sie eine ganz besondere Verbindung aus dem industriereichen Ortsteil Nachrodt im tiefeingeschnittenen Lennetal und der ländlich gelegenen Wiblingwerder Hochfläche. Zahlreiche Laub- und Nadelwälder, mehr als 30 gekennzeichnete örtliche Wanderrouten und unzählige Spazierwege zeichnen das Höhendorf seit 1984 als staatlich anerkannten Erholungsort aus. Zeuge der langen Nachrodter Industriegeschichte sowie der industriellen Entwicklung ist bis heute der im 18. Jahrhundert errichtete Saalbachs Hammer. Dieser Reckhammer, ein mit Wasserkraft betriebenes Hammerwerk, wurde bereits 1750 an der Nahmer erbaut. In solch einem Werk wurde das bearbeitete Eisen zu Stangen geformt und zur Weiterverarbeitung an Raffinierhämmer transportiert. Besonderes Zeugnis über die traditionsreiche und stete industrielle Geschichte legt der Hellbecker Hammer aus dem 17. Jahrhundert ab. Das historische Werk ist heute als modernes Walzwerk Einsal bekannt und hat seinen ursprünglichen Standort im Lennetal behalten. Nachrodt-Wiblingwerde ist jedoch nicht nur aufgrund seiner Industriegeschichte einen Besuch wert. Auch die bäuerliche Geschichte ist ein sichtbares Zeichen für die stete Pflege des Brauchtums und der Tradition. Der 1597 erbaute Kornspeicher vom Hof des heutigen Kreinbergs diente seinerzeit in der Regel der Lagerung von Saatgut und Getreide. Seine besondere Form eines bäuerlichen Nebengebäudes kam ursprünglich hauptsächlich im Märkischen Sauerland vor. Im Jahre 1936 musste er allerdings einem Neubau weichen und steht heute auf dem Schulhof in Wiblingwerde. Nach umfangreichen Sanierungen ist er ein besonderes Denkmal bäuerlicher Kultur. Lebendig wird diese Kultur in der Heimatstube, einem ehemaligen Feuerwehrgerätehaus, das heute als Heimatmuseum Brauchtum und Tradition auf lebende Weise näher bringt. Weitere Einblicke in frühere Zeiten und handwerkliche Kultur bieten auch die Brenscheider Mühlen. Dieses schöne Mühlenensemble besteht aus der erstmals 1588 erwähnten Kornmühle, einem zweigeschossigen Fachwerkhaus,

Die prächtige Fassade des historischen Rathauses im Menden ist ein beliebtes Fotomotiv.

und der Ölmühle. Heute finden dort regelmäßig Backvorführungen mit einem Landmarkt und Führungen statt. Für die Innenbesichtigung ist eine Anmeldung nötig (Telefon 02352/93830).

In der Doppelgemeinde ist das Thema Kunst und Kultur eng mit der Pflege von Heimatgeschichte und Tradition verbunden. Der Heimat- und Verkehrsverein veranstaltet nicht nur das traditionelle Erntedankfest und regelmäßige Dorfplatzkonzerte mit den unterschiedlichsten Gruppen aus der Region. Auch die „Lebendige Heimatstube" sorgt für die Vorstellung des heimischen Brauchtums, vom historischen Handwerk über Treckertreffen bis hin zu verschiedenen Ausstellungen und Literaturlesungen.

Mal märchenhaft, mal lustig geht es beim Amateurtheater „Das Brettken am Drögen Pütt" zu. Dazu bietet die Lennehalle Platz für bis zu 200 Besucher. Auch in den Sommermonaten heißt es „Bühne frei!" für die Sommerkomödie
◉ www.brettken.de

▶ Der besondere Tipp
Ihm werden heilende und wundersame Kräfte nachgesagt – dem Johannisborn, dem ältesten Kulturdenkmal der Gemeinde. Nach mündlicher Überlieferung war der Quell bereits in vorchristlicher Zeit ein geweihter Ort. Über die Jahrhunderte hinweg wurde er Johannes dem Täufer geweiht und diente dazu, die heilige Taufe zu empfangen. Heute ist er in Bruchstein gefasst und zeigt eine mittelalterliche Taufszene.
◉ www.nachrodt-wiblingwerde.de

Neuenrade

Ein interessanter Ausblick über die Stadt Neuenrade, die erstmals 1220 urkundlich erwähnt wurde, bietet sich vom 14 Meter hohen Quitmannsturm, der 1893 von den nach England ausgewanderten Söhnen des Neuenrader Lehrers Carl Friedrich Quitmann gestiftet wurde. Der Turm, befindet sich auf dem Kohlberg, mit 514 Metern die höchste Erhebung in Neuenrade. Auf Schusters Rappen lässt sich Neuenrades Stadtgebiet am besten auf dem rund zehn Kilometer langen „Roden-Hennes-Weg" erkunden. Start- und Zielpunkt des Rundwanderweges ist ein Parkplatz auf der Wilhelmshöhe. Informationen über heimische Pflanzen-, Baum- und Vogelarten vermittelt ein rund vier Kilometer langer Waldlehrpfad zwischen dem Waldstadion und

Borke. Neuenrader, aber auch deutsche und Weltgeschichte vermittelt ein 200 Meter langer Geschichtspfad im Stadtpark.

Im Ortsteil Affeln befindet sich in der spätromanischen Pfarrkirche St. Lambertus aus dem 13. Jahrhundert ein besonders sehenswerter Klappaltar. Der flandrische Schnitzaltar aus der Zeit zwischen 1500 und 1530 zählt zu den berühmtesten aus der Zeit der Spätgotik. Im benachbarten Ortsteil Altenaffeln befinden sich in der Dorfkirche Wandmalereien aus dem 15. Jahrhundert. Ein Zeugnis der Geschichte ist auch die Gerichtslinde in der Parkanlage „Auf dem Wall". Das Alter des Baumes, an dem lange vor der Stadtgründung Gericht abgehalten wurde, wird auf über 900 Jahre geschätzt. Aus der heutigen Zeit stammt der 1990 fertig gestellte Stadtbrunnen in der Neuenrader Altstadt. Er vermittelt auf acht Tafeln wesentliche Ereignisse der Neuenrader Stadtgeschichte. Der Stadtbrunnen zeigt weiterhin den Grafen Engelbert III. von der Mark, der 1355 der heutigen Stadt Neuenrade die Stadtrechte verlieh. Mit den Stadtrechten durften auch drei Jahrmärkte durchgeführt werden.

Seitdem findet alljährlich um den 17. März (Gertrudis) ein Viehmarkt statt, der von den Neuenradern liebevoll „Gertrüdchen" genannt wird. Im Laufe der Jahrhunderte entwickelte sich der Viehmarkt zu einem weit über die Stadtgrenzen hinaus bekannten Volksfest.

Überregional bekannt ist das alljährliche Familien- und Drachenfest auf dem Flugplatz. Informationen
◉ www.lsv-werdohl.de.

▶ Der besondere Tipp
Aus dem 13. Jahrhundert stammt der am besten erhaltene Rennofen des märkischen Sauerlandes. Der aus Ton und Lehm bestehende Ofen befindet sich in unmittelbarer Nähe von Gut Berentrop. Seit 1983 befindet sich über dem Ofen eine Schutzhütte, so dass das technische Kulturdenkmal jedem Interessierten zugänglich ist. In dem Rennofen mit einer ursprünglichen Schachthöhe von bis zu 150 Zentimetern wurde im Mittelalter Eisenerz verhüttet.
◉ www.neuenrade.de

Plettenberg

Bewaldete Höhen und vier Bach- und Flusstäler prägen das Bild der waldreichsten Stadt im Märkischen

Vor der Christuskirche in Plettenberg sorgt der Markt für buntes Treiben.

Kultur unter freiem Himmel - Das macht den Plettenberger Kultursommer aus!

Kreis. Dass sich in der Vier-Täler-Stadt zahlreiche Industriebetriebe, insbesondere der Metallverarbeitung, angesiedelt haben, fällt erst auf den zweiten Blick auf. Fügen sich die Industriegebiete doch zumeist harmonisch in der Landschaft ein. Die industrielle Tradition der Stadt wird in einem kleinen Museum, im Heimathaus am Kirchplatz näher beleuchtet. Eng verknüpft ist die Industrialisierung Plettenbergs mit dem Bergbau. In den sich in den Flusstälern angesiedelten Betrieben wurde mit Wasserkraft das heimische Erz weiterverarbeitet. Anfang der 1990er Jahre konnten auf dem Stadtgebiet noch fast 80 Grubenfelder nachgewiesen werden. 2008 bestand für die Öffentlichkeit erstmals die Möglichkeit eine dieser ehemaligen Gruben zu besichtigen. Die Stollen der Bleierzgrube „Neu Glück" auf der Weide, in der noch deutliche Spuren vom Suchen nach Mineralien sichtbar sind, sollen künftig dauerhaft zu besichtigen sein. Seit einigen Jahren findet jährlich im September der so genannte P-Weg statt, ein mehrtägiges Sportereignis, bei dem sich mehrere Hundert Wanderer, Läufer und Mountainbiker, auf den anspruchsvollen Wanderweg rund um die Stadt begeben.

Rund um die evangelische Christuskirche aus dem 13. Jahrhundert, die als eine der ältesten und schönsten Hallenkirchen des Sauerlandes gilt, finden sich noch einige Fachwerkhäuser aus der Mitte des 19. Jahrhunderts. Der spätromanische Stil der Christuskirche diente als Vorbild für zahlreiche weitere westfälische Kirchen. Im Stadtteil Ohle findet sich mit der ebenfalls evangelischen Dorfkirche (errichtet um 1050 bis 1100), die zum seltenen westfälischen Typ der Chorturmkirche gehört, ein weiteres Zeugnis vom historischen Ursprung der Stadt. Sehenswert sind zudem das Haus Grimminghausen bei Selscheid, das ursprünglich von einer Wasseranlage umgeben war, und das Schloss Brüninghausen bei Ohle aus dem 14. Jahrhundert. Beide Gebäude dienen auch heute noch als Wohnhäuser, so dass sie nur von außen besichtigt werden können. Vielfältig ist Plettenbergs Kulturangebot. In der Aula des Schulzentrums in Böddinghausen finden regelmäßig Theateraufführungen und Konzerte statt. Beliebter Treffpunkt in den Sommermonaten ist

Brücke der Ruhr-Sieg-Bahn über die Lenne bei Werdohl.

der Kultursommer in der Innenstadt, der unter dem Motto „umsonst und draußen" Theateraufführungen, Konzerte sowie ein Programm für Kinder bietet.

Mit gleich drei Wasserrutschen, darunter der ersten Loopingrutsche Deutschlands, kann das Freizeitbad AquaMagis im Stadtteil Böddinghausen aufwarten. In einem tropischen Ambiente bietet das größte Freizeitbad im Märkischen Kreis über 3.000 Quadratmeter Wasserfläche und eine großzügige Saunawelt mit acht verschiedenen Saunen. Kinder können auf zwei 128 Meter langen Rutschen ihren Wagemut unter Beweis stellen, im Strömungskanal sich treiben lassen oder wie einst die Piraten ein Schiff entern. Im Sommer ergänzt ein Freibad mit großzügigem Liegebereich und Kinderspielplatz das Angebot.
◉ www.aquamagis.de

▶ Der besondere Tipp
Sie liegt etwas verwunschen in einem Waldgebiet oberhalb des Stadtteils Pasel und ist nur auf Wanderwegen oder einer schmalen Straße zu erreichen. Dennoch ist die Ruine der Burg Schwarzenberg für Liebhaber alter Wehranlagen und romantischer Plätze einen Umweg wert. Seit 1913 wurden immer wieder Restaurierungsarbeiten, an der Burg, die 1301 errichtet und 1864 durch einen Brand zerstört wurde, durchgeführt. Die noch vorhandenen Mauerreste vermitteln einen guten Überblick der ursprünglichen Burg, die als Wehr- und Wohnbau diente. Seit dem Orkan „Kyrill", der im Jahr 2007 im Sauerland wütete, bietet sich von der in der Nähe der Ruine gelegenen Felsgruppe „Engelbertstuhl" wieder ein weiter Blick ins Lennetal und über bewaldete Berghänge.
◉ www.plettenberg.de

Schalksmühle

Schalksmühle wird treffend als „Berg- und Talgemeinde" bezeichnet, weil das Gemeindegebiet mit einer Ausdehnung von 38 Quadratkilometern Höhenunterschiede von bis zu 300 Metern aufweist. Die Landschaft in und um Schalksmühle wird von den Tälern des Hälver-, Klagebach- und Glörbaches, vom Flusslauf der Volme sowie den Höhenzügen des Märkischen Sauerlandes bestimmt. In der Hauptsache besteht die heutige Gemeinde Schalksmühle mit derzeit rund 12.000 Einwohnern und dem wohl umfangreichsten Vereinsangebot in der Umgebung aus den größeren Ortsteilen Schalksmühle, Hülscheid und Dahlerbrück. Über diese Konstellation verfügt der Ort seit einer kommunalen Neugliederung in den Jahren 1969/70. Landschaftlich abwechslungsreiche Rundwege der an unberührter Natur reichen Gemeindeflächen laden Ausflügler zum Wandern ein. Obwohl es sich nicht um einen ausgewiesenen Fremdenverkehrsort handelt, verfügt Schalksmühle mit der Glör-Talsperre über ein reizvolles Naherholungsgebiet. Zahlreiche sehenswerte Baudenkmäler auf dem Gemeindegebiet laden zum Verweilen ein. Neben dem Bauernhaus Wippekühl ist in dieser Hinsicht vor allem die evangelische Pfarrkirche in Hülscheid zu nennen, die gemeinsam mit den ebenfalls in die Denkmalliste eingetragenen Kirchen der Ortteile Schalksmühle und Heedfeld ein beredtes Beispiel der Sakralarchitektur der vergangenen Jahrhunderte darstellt. Bei der Hülscheider Kirche handelt es sich um eine Saalkirche mit quadratischem Turm und eingezogenem quadratischen Chor, die drei historische Glocken beherbergt, von denen die beiden großen Ende des 15. Jahrhunderts und die kleine in der zweiten Hälfte des 12. Jahrhunderts gegossen wurde.

Schalksmühle verfügt über ein breit gefächertes Kulturangebot, das an unterschiedlichen Orten stattfindet.

Im Pädagogischen Zentrum der Schule Löh sind regelmäßig Theater-, Musik- und Kleinkunstaufführungen des Kulturbüros zu sehen. Im historischen Bauernhaus Wippekühl werden Live-Musik-Veranstaltungen geboten, die vorwiegend die Genres Folk, Jazz und Blues abdecken. Musikfreunde, die eher klassische oder sakrale Werke lieben, sind bei den Konzerten in der Erlöserkirche bestens aufgehoben. Traditionelle und bodenständige Veranstaltungen, oft organisiert von den örtlichen Vereinen, finden dagegen in der Festhalle Spormecke nahe des Schalksmühler Ortsteils Heedfeld statt. Weitere Auskünfte erteilt das Kulturbüro unter Telefon 02355/84241.

Mit drei Rotwildhirschen erfüllte sich Fritz Trimpop im Jahr 1965 seinen Traum und eröffnete ein Wildgehege in Mesekendahl. Der damals 38-Jährige verschaffte damit der Gemeinde Schalksmühle einen seiner attraktivsten Ausflugspunkte. Heute verfügt die großflächige Anlage über eine große Zahl an Wisenten, Hirschen, Wildschweinen sowie vielen anderen heimischen Tierarten.

▶ Der besondere Tipp

Das um 1600 erbaute Bauernhaus Wippekühl wurde im Jahr 1986 von der Gemeinde in einem erbarmungswürdigen Zustand mit Unterstützung des Vereins für Geschichte und Heimatpflege erworben, aufwändig restauriert und im Oktober 1995 in die Obhut des Vereins übergeben. Das Bauernhaus des alten Hofes Wippekühl ist in den letzten rund 400 Jahren nicht wesentlich verändert worden und deshalb von besonderem Wert. Mit zahlreichen, im „Freundeskreis Bauernhaus" engagierten, ehrenamtlichen Kräften organisiert der Verein seitdem regelmäßig Kulturveranstaltungen vor Ort und füllt das Haus auf diese Weise mit Leben. Nach vorheriger Terminabsprache (Telefon 02355/84-0) können sich auch Besuchergruppen das „Prachtstück" durch Vereinsmitglieder zeigen und erklären lassen.

⦿ www.schalksmuehle.de

Werdohl

Noch bis Mitte des 19. Jahrhunderts war Werdohl eine ländliche Gemeinde. Mit der Fertigstellung der Ruhr-Sieg-Bahnstrecke und der damit verbundenen Ansiedlung von Industriebetrieben stieg die Einwohnerzahl jedoch innerhalb weniger Jahrzehnte stark an. Heute leben rund 20.000 Menschen in Werdohl, das sich selbst als Industriestadt mit hohem Freizeitwert bezeichnet. Geprägt wird das Stadtbild von den Flusstälern der Verse und der Lenne, die in Werdohl zwei Mäanderbögen bildet und aus der Luft daher wie ein großes W aussieht. An der Lenne liegt auch das beliebte Werdohler Freibad im Ortsteil Ütterlingsen. In der Goethestraße steht das sehenswerte Rathaus. Dieses ist auch ein Ziel der geführten Stadtgänge, die mehrmals im Jahr stattfinden. Seit fast 70 Jahren organisiert der Werdohler Kulturring zahlreiche Kulturveranstaltungen. Größere Theateraufführungen und Konzerte finden im Festsaal des Schulzentrums Riesei statt. Für kleinere Veranstaltungen werden der Bürgerhaussaal, das Heimatmuseum oder die Aula der Realschule genutzt. Anfang 2004 wurde das Heimatmuseum, das seitdem offiziell „Stadtmuseum Werdohl" heißt, nach einer Neukonzeption und Modernisierung wiedereröffnet. In den vier Themenräumen wird gezeigt, wie sich wirtschaftliche, gesellschaftliche und kulturelle Einflüsse über die Jahrzehnte hinweg auf das örtliche Leben ausgewirkt haben. Der Ferienhof Repke verfügt mit einem historischen Backhaus aus dem 18. Jahrhundert über ein historisches Schmuckstück. Der noch voll funktionsfähige Holzsteinofen wird einmal im Monat mit Buchenholz aufgeheizt und in ihm nach alten Rezepten Brot gebacken. Kinder können dabei unter Anleitung im Teig matschen und danach kleine Mäuse, Bretzeln oder Herzen formen. Nach kurzer Zeit sind diese fertig gebacken und nach noch kürzerer Zeit aufgegessen.

◉ www.ferienhof-repke.de.
◉ www.werdohl.de

Der Süden: Kreis Olpe

Auf einer Fläche von etwas mehr als 700 Quadratkilometer leben im Kreis Olpe rund 142.000 Menschen. Damit ist der Olper Kreis, dem vier Städte und drei Gemeinden angehören, gemessen an der Einwohnerzahl der kleinste in Nordrhein-Westfalen. Im Gegensatz zu anderen Kreisen im Sauerland hat er bei der kommunalen Neugliederung im Jahre 1975 nur geringe Änderungen erfahren, so dass er im Wesentlichen seit fast zwei Jahrhunderten eine landschaftliche und kulturelle Einheit darstellt. Sicht-

Richtig was zu sehen: Bei den Elsper Festspielen staunen große und kleine Zuschauer.

bares Zeichen dafür ist die hohe Identifikation der Menschen mit ihrer Heimat und die damit einhergehende Pflege von Traditionen. Eines der größten Volksfeste Westfalens, die „Wendsche Kärmetze" in Wenden, wird bereits seit über 250 Jahren gefeiert und lockt Jahr für Jahr rund 300.000 Menschen an. Der südlichste Kreis des Sauerlandes ist von großen Waldflächen der Naturparks Homert, Ebbe- und Rothaargebirge geprägt, die mehr als 90 Prozent des Gebietes einnehmen. Die höchsten Erhebungen finden sich mit der Hohen Hessel (742 Meter), dem Wildhöfer (725 Meter) und dem Riesenberg (720 Meter) in der Gemeinde Kirchhundem. Der mit 756 Metern höchste Berg des Olper Kreises, der Härdler, liegt allerdings auf dem Gebiet der Stadt Lennestadt. Beliebte Erholungsziele sind der Ahauser Stausee, der Lister- und der Biggesee. Der Biggesee ist – legt man den Gesamtstauraum zugrunde – die größte Talsperre in Westfalen. Im benachbarten Attendorn liegt mit der Attahöhle eine der meistbesuchten Sehenswürdigkeiten des Kreises. Die Anfang des 20. Jahrhunderts zufällig bei Sprengungen gefundene Tropfsteinhöhle zählt zu den schönsten Deutschlands.

Mit dem Auftreten von Film-Winnetou Pierre Brice bei den Karl-May-Festspielen in Elspe 1976 wurden diese deutschlandweit bekannt. Sein zehnjähriges Engagement bildete den Grundstein für den Ausbau der Freilichtbühne hin zu einem professionellen Freizeitunternehmen. Bislang verfolgten über zehn Millionen Menschen die Inszenierungen des Elspe-Festivals, das im Jahr 2008 sein 50-jähriges Bestehen feiern konnte.

⊙ www.kreis-olpe.de

Attendorn

Die alte Hansestadt Attendorn entstand aus einer Siedlung, die am Schnittpunkt zweier Fernverkehrsstraßen lag und eine der Urpfarreien des kölnischen Sauerlandes war. Im 13. und 14. Jahrhundert war die Stadt eine Grenzfeste gegen die benachbarte Grafschaft Mark und Sitz einer der größten Dekanate im alten Erzbistum Köln. Auch heute wird der Einfluss und die engen Beziehungen zum rheinischen Raum deutlich. So trägt die Hansestadt im Karneval den Beinamen „Klein-Köln". Höhepunkt ist der seit 1863 durchgeführte Umzug am Veilchendienstag, bei dem eine Vielzahl von Mottowagen, Fuß- und Musikgruppen durch den

historischen Stadtkern ziehen. Von der im 13. Jahrhundert angelegten Stadtbefestigung sind nur noch der Bieke- und der Pulverturm sowie Reste einer Toranlage erhalten. Im Bieketurm ist ein Schützenmuseum eingerichtet. Geprägt wird das Bild der Stadt von der Lage am Südwestrand des Ebbegebirges im Biggetal. Die nahe gelegenen Talsperren Bigge- und Listersee sowie ein fast 400 Kilometer langes Wanderwegenetz bieten zahlreiche Möglichkeiten für Wanderer, Spaziergänger, Radfahrer und Skater. Im Repetal, das von typisch sauerländischen Fachwerkhäusern geprägt ist, befindet sich einer der größten Waldseilgarten Deutschlands
◉ www.kletterpark-repetal.de

Im ehemaligen Rathaus ist das Südsauerlandmuseum eingerichtet, das neben kulturgeschichtlichen Exponaten aus dem Kreis Olpe seit 2008 auch das Westfälische Zinnfigurenkabinett beherbergt. Eine breite Palette rund um die Geschichte des Feuerlöschwesens erwartet die Besucher im Feuerwehrmuseum Attendorn, das sich seit 1986 auf dem Gelände der Freiwilligen Feuerwehr befindet. Ausgestellt sind unter anderem alte Handdruckspritzen, Holzleitern und Fahrzeuge sowie über 150 Helme und Mützen aus allen Teilen der Welt. Bedeutendste Kirche der Stadt ist die Pfarrkirche St. Johannes Baptist, die auch Sauerländer Dom genannt wird. Der Turm stammt aus der Zeit um 1220, im Inneren findet sich eine Reiche Barockausstattung der Attendorner Bildhauerfamilie Sasse.

Die im Ortsteil Helden stehende Pfarrkirche gilt als eine der ältesten im Kreis Olpe. Besonders sehenswert ist der älteste Teil der Kirche, eine unter dem Chor gelegene Krypta aus dem 11. Jahrhundert. Über den Sauerländer Hügeln thront die Burg Schnellenberg mit ihren mächtigen Mauern und hoch aufragenden Türmen, die als größte und mächtigste Burganlage Südwestfalens gilt. Heute beherbergt sie ein Hotel und ein Restaurant. Besichtigt werden kann nach vorheriger Anmeldung nur die historische Georgskapelle.

Alles begann mit einem lauten Knall im Jahr 1907. Nach einer Sprengung in den ehemaligen Biggetaler Kalkwerken entdeckten die Steinbrucharbeiter eine Tropfsteinhöhle. Noch im selben Jahr wurde sie unter dem Namen Atta-Höhle für Besucher geöffnet. Seitdem besuchen mehrere hunderttausende Besucher während eines 40-minütigen Rundgangs die Höhle und ihre bis zu vier Meter langen Stalagmiten und Stalaktiten.

▶ **Der besondere Tipp**
An Ostern findet am Sauerländer Dom die Segnung der Ostersemmel, die erstmals 1658 urkundlich wird, statt. Im Anschluss daran werden vier große Fichten im Stadtwald geschlagen und zum Marktplatz gebracht, wo sie mit plattdeutscher Ansprache vermessen werden. Aus den Fichten werden mittels Querbalken Osterkreuze gebaut, die am Ostersonntag auf den Hügeln gegenüber den ehemaligen Stadttoren nur mit Muskelkraft aufgerichtet werden. Gegen 21 Uhr, wenn die Beleuchtung des Kreuzes auf dem Turm der Pfarrkirche eingeschaltet wird, werden die Kreuze, die mit Stroh umwickelt wurden, angezündet und abgebrannt. Zeitgleich finden vier Prozessionen mit uralten Osterlaternen von den ehemaligen Stadttoren zum Sauerländer Dom statt. Dort enden die Osterfeierlichkeiten mit einer Abendandacht.
◉ www.attendorn.de

Drolshagen

Die ehemalige Hansestadt Drolshagen mit ihren 57 Ortschaften liegt inmitten der waldreichen Mittelgebirgslandschaft des Ebbegebirges, in unmittelbarer Nähe des Bigge- und Listersees. Aufgrund ihrer verkehrsgünstigen Lage an zwei Bundes- und Autobahnen haben sich zahlreiche mittelständische Firmen im Stadtgebiet angesiedelt. Drolshagen kann auf eine bewegte Geschichte zurückblicken; bereits 1477 erhielt die damalige Freiheit Drolshagen die Stadtrechte. Reizvoll ist ein Spaziergang durch das historische Stadtzentrum mit dem Marktplatz und zahlreichen unter Denkmalschutz stehenden Fachwerkhäusern. Rund um Drolshagen führt ein 22 Kilometer langer Wanderweg. Daneben gibt es weitere mehr als 140 Kilometer gekennzeichnete Wander- und Rundwanderwege, die durch eine abwechslungsreiche Mittelgebirgslandschaft mit Laub- und Nadelwäldern führen. Wer es ein wenig sportlicher mag, findet in der Nähe des Stadtbades einen zwei Kilometer langen Waldsportpfad. Im Sommer bietet sich ein Ausflug zur Listertalsperre an. Im Bereich Kalberschnacke lädt ein Badestrand zu einem erfrischenden Bad im See ein. Angler können für den Listersee beim Campingplatz Gut Kalberschnacke Angelscheine erhalten.

Wahrzeichen von Drolshagen ist die katholische St.-Clemens-Pfarrkirche mit ihrem wuchtigen Turm, der als Wach- und Wehrturm diente. Sie ist eine der ältesten romanischen Basiliken in Südwestfalen und besitzt mit der Chris-König-Glocke die größte Gussstahlglocke des Erzbistums Paderborn. Nach Soest und Minden besitzt die Kirche das musikalisch anspruchvollste Geläut Westfalens. Neben dem Turm findet sich der restaurierte Mitteltrakt des Alten Klosters. Im alten Zisterzienserinnen-Kloster sind heute das städtische Bauamt und die Musikschule untergebracht. Lohnenswert ist ein Spaziergang zur Waldkapelle Hunkesohl, die alljährlich zur Maiandacht genutzt wird und ein beliebter Wallfahrtsort ist.

Seine volle Pracht wird es erst in einigen Jahren entwickeln, doch bereits heute ist das Drolshagener Labyrinth einen Besuch wert. Unweit des Stadtzentrums wurden im April 2007 rund 2.000 Rotbuchen gepflanzt und damit ein für Nordrhein-Westfalen einmaliges Heckenlabyrinth geschaffen. Im Gegensatz zu einem Irrgarten muss der rund 780 Meter lange Weg durchs Labyrinth komplett abgeschritten werden. Er führt nach zahlreichen Umwegen bis ins Zentrum, die Mitte des Labyrinths.

▶ Der besondere Tipp

In Drolshagen werden sie als „Schlüsen" bezeichnet, jene Hohlwege, die im Mittelalter als Handelswege genutzt wurden. Die damaligen Handelsstraßen waren unbefestigt und erhielten durch die stetige Nutzung ihre „hohle" Form. Im Drolshagener Land sind noch zahlreiche dieser Hohlwege erhalten. Ein besonders schönes Beispiel findet sich bei der Ortschaft Junkernhöh. Beim Gang durch die Schlüsen wird dem Wanderer eindrucksvoll vermittelt, wie schwer eine weite Reise über solche Handelswege in jener Zeit gewesen sein muss. In der Ortschaft Junkernhöh sind noch einige Gebäude aus der damaligen Zeit zu sehen. Ein Lehrpfad vermittelt auf mehreren Tafeln Wissenswertes über Fuhrleute und Transportmittel.

⦿ www.drolshagen.de

Finnentrop

Die Gemeinde Finnentrop kann auf keine lange Geschichte zurückblicken. Im Zuge der Kommunalen Neuordnung 1969 wurden mehr als 40 Ortsteile zusammengefasst und nach einem an der Lenne gelegenen Dorf, das heute Altfinnentrop heißt, benannt. Die Vergangenheit zahlreicher Ortschaften der Gemeinde reicht allerdings bis ins Mittelalter zurück. Große Waldgebiete mit mehr als 500 Kilometer gekennzeichneter Wanderwege prägen das Bild der Gemeinde, was sich auch im Gemeindewappen widerspiegelt, in dem die Farbe Grün dominiert. Der Waldreichtum, mehr als 60 Prozent der Gemeindefläche sind bewaldet, wird von modernen holzbe- und verarbeitenden Betrieben wirtschaftlich genutzt. Zu einem der attraktivsten Wanderwege zählt der 90 Kilometer lange Finnentroper Rundwanderweg. Die für das Sauerland typischen Fachwerkhäuser finden sich noch in fast jedem Dorf. Ein besonders ansehnliches Beispiel der regionaltypischen Fachwerkbauweise ist die Ortschaft Schliprüthen. Der heutige Zentralort von Finnentrop entstand an einer Haltestelle der 1861 eröffneten Ruhr-Sieg-Eisenbahn. Vom Finnentroper Bahnhof zweigt seit 1875 eine eingleisige Strecke über Attendorn nach Olpe ab. Die 24 Kilometer lange Strecke der Biggetalbahn verläuft landschaftlich reizvoll unter anderem am Biggesee vorbei und bietet mit seinen zahlreichen Brücken und Tunneln ein spannendes Erlebnis besonders für jüngere Fahrgäste.

Von den ursprünglich zahlreichen Adelssitzen sind nur noch die Schlösser Ahausen, Bamenohl und Lenhausen erhalten, die sich allesamt heute in Privatbesitz befinden und nicht besichtigt werden können. Eine Besonderheit auf dem Finnentroper Gemeindegebiet sind die gut erhaltenen Wassermühlen und -kraftwerke. Im schönen Frettertal liegt die „Knochenmühle", deren gusseisernes Stampfwerk aus der Zeit um 1860 stammt und in dieser Ausstattung in Nordrhein-Westfalen einzigartig ist. Ebenfalls im Frettertal liegt die über 630 Jahre alte Frettermühle, in der bis 1983 Getreide gemahlen wurde. 1989 wurde sie zur Stromerzeugung umgerüstet, kann aber durch Einrücken eines Zahnrades den Mühlvorgang jederzeit wieder aufnehmen. Seit 1995 befindet sich in der Mühle ein Caféstübchen.

Wie in größeren Dimensionen aus Wasserkraft Strom erzeugt wird, kann im Ortsteil Rönkhausen erfahren werden. Von 1964 bis 1969 wurde auf dem Dahlberg ein eine Million Kubikmeter Wasser fassendes Becken errichtet, und mit einem 270 Meter tiefer, im Glingetal liegenden,

1,3 Millionen Kubikmeter fassenden Becken unterirdisch verbunden. Der Weg um das Oberbecken ist öffentlich zugänglich, und beliebtes Ziel von Wanderern und Inline-Skatern. Vom Oberbecken genießt man einen herrlichen Rundumblick über die Höhen des Sauerlandes.

Kirchhundem

Als waldreichste Gemeinde Nordrhein-Westfalens und zugleich am dünnsten besiedelte Gemeinde des Kreises Olpe bietet Kirchhundem dem naturverbundenen Urlauber zahlreiche imposante Ein- und Ausblicke. Von den Höhenlagen eröffnen sich weite Blicke über die bewaldeten Kuppen und Täler der Naturparke Rothaar- und Ebbegebirge. Höchste Erhebung ist der Hohe Kessel mit 743 Metern. Im Nordosten führt der Fernwanderweg Rothaarsteig durch das Gemeindegebiet und kreuzt das landschaftlich besonders reizvolle Naturschutzgebiet Schwarzbachtal. Ein beliebtes Wanderziel ist der auf der Wasserscheide von Rhein und Weser stehende Rhein-Weser-Turm bei Oberhundem, von dem sich ein weiter Blick über das südliche Sauerland bietet. Wanderwege, Pferde- und Kutschfahrten, Mountainbikestrecken sowie gespurte Langlaufloipen, Schlittenfahrten und Skiabfahrten im Winter laden rund um den Turm zu sportlichen Aktivitäten ein. Für ausgedehnte Trekkingtouren bietet sich neben dem offiziellen 20 Kilometer langen Rothaarsteig-Zuweg der 90 Kilometer lange Kirchhundemer Rundwanderweg an. Entlang der Gemeindegrenze gewährt er vielfältige Einblicke in die Natur und Einkehr in die gemütlichen Restaurants der einzelnen Dörfer.

Stickarbeiten aus mehreren Jahrhunderten präsentiert das Stickereimuseum Oberhundem in einem über 300 Jahre alten Fachwerkhaus. Eines der herausragendsten Baudenkmäler ist die im 17. Jahrhundert errichtete Adolfsburg bei Oberhundem, die allerdings nur von außen besichtigt werden kann. An einem Ort der Ruhe und Abgeschiedenheit liegt die Wallfahrtskirche Kohlhagen. Die heutige Kirche wurde um den Vorgängerbau aus dem 15. Jahrhundert herum, und zwar im damals viel verwendeten nachgotischen Stil in der Zeit von 1703 bis 1707 errichtet. Im Inneren dominiert der Hochaltar des Attendorner Künstlers Peter Sasse, der nach 1709 gefertigt wurde und stilistisch zum Hochbarock gehört. In Kirchhundem prägt die während

Die Hohe Bracht.

des Ersten Weltkrieges im neugotischen Stil erbaute Kirche St. Peter und Paul das Ortsbild. Von dem alten Vorgängerbau stehen heute noch zwei Joche und der Unterbau des Turmes, welche nach Grundsteinen 1340 und 1470 belegt sind.

Beim Panorama-Park Sauerland Wildpark spielt die Einbindung in die Natur ein wichtige Rolle. So besticht der Park weniger mit rasanten Fahrgeschäften, als mit naturnahen Attraktionen. Der Park ist in einen Tal- und Bergbereich aufgeteilt, die mit einem Sessellift, einer Parkbahn oder zu Fuß über den „Rhododendronpfad" miteinander verbunden sind. Hauptattraktionen sind ein Wildpark mit Rot- und Damwild, Muflons, Bisons und weiteren Vogel- und Säugetierarten, eine 1.600 Meter lange Sommerrodelbahn, ein Rutschenparadies, eine Oldtimer-Kettcarbahn sowie Spielanlagen. Im Winter ist der Wildparkbereich geöffnet und kann kostenlos besucht werden. Informationen unter
⦿ www.panoramapark-wildpark.de

▶ Der besondere Tipp
Was machen erwachsene Männer auf einem 3,6 Kilogramm leichten Kindergefährt aus rotem Plastik? Sie fahren Anfang der 1990er Jahre im Ortsteil Silberg aus einer Bierlaune heraus den gleichnamigen Berg mit einem Bobbycar hinunter. Heute finden deutschlandweit Rennen statt, doch den Saisonauftakt für die Deutsche Meisterschaft bildet nach wie vor am 1. Mai „Der Große Preis von Silbergstone". Während an diesem Tag mit technisch ausgefeilten Bobbycars um jede Hundertstel gekämpft wird, steht tags zuvor der Spaß im Vordergrund, wenn Amateure um drei mit Bier gefüllte Bollerwagen fahren. Nähere Informationen unter
⦿ www.bobbycarclub.de.
⦿ www.kirchhundem.de

Lennestadt

Im Rahmen der kommunalen Neugliederung gingen 1969 insgesamt 48 Ortschaften in der neuen Stadt auf. Lennestadt ist eine junge Stadt, die mit Elspe aber den ältesten Ort im Kreis Olpe und damit Spuren einer Besiedlung bereits im frühen Mittelalter aufweisen kann. Vermutlich hat bereits im 9. Jahrhundert in Elspe eine Kirche gestanden. Belegt ist, dass im Jahr 1000 Kaiser Otto III. eine Urkunde ausstellen ließ, welche die Gründung eines Damenstifts auf dem Oedinger Berg bestätigte. Auch der Ortsteil Oedingen wurde im selben Jahr bereits urkundlich erwähnt. Einen einzigartigen Blick über einen großen Teil Lennestadts und des Sauerlandes bietet seit 1930 der Aussichtsturm „Hohe Bracht". Mit einer Turmhöhe von 36 Metern ist er eines der Wahrzeichen des Kreises Olpe. Im Sommer ist die Hohe Bracht ein beliebtes Ziel für Wanderungen und Radtouren; im Winter für Skiabfahrten dank Flutlicht bis in den späten Abend hinein und Rodelvergnügen auf einer eigenen Piste. Skilangläufern stehen drei Loipen zur Verfügung. Neueste Attraktion auf der Hohen Bracht ist ein barrierefreier Naturerlebnispfad. Der rund 650 Meter lange rollstuhlgerechte Weg wurde mitten durch die Waldbestände auf der Bergkuppe gebaut. Schautafeln erläutern die natur- und kulturgeschichtlichen Besonderheiten des Gebietes. Massive Gesteinsblöcke entlang des Weges lassen Erdgeschichte im wahrsten Sinn des Wortes begreifbar werden und Ruhezonen laden zum Verweilen ein.

Oberhalb von Grevenbrück erbauten in der ersten Hälfte des 12. Jahrhunderts die Edelherren von Gevore ihren Stammsitz. Die Peperburg war bis Ende des 13. Jahrhunderts bewohnt und wurde im 19. Jahrhundert bei Steinbrucharbeiten größtenteils zerstört. Heute sind nur noch die Grundmauern des südlichen Burgteils erhalten. Vom Leben im Sauerland handelt die Dauerausstellung im Museum der Stadt Lennestadt. Beleuchtet werden unter anderem die Industrie-, Alltags- und Sozialgeschichte, die Landwirtschaft und der Tourismus. Industriegeschichte schrieb rund 140 Jahre das Meggener Bergwerk. Es gehörte lange zu den bedeutendsten Schwefelkies-, Zinkerz- und Schwerspatgruben der Welt. Von 1967 bis 1974 war es sogar der größte Zinkkonzentratproduzent in Europa. 1992 endete der Bergbau in Meggen, weil die wirtschaftlich

Ein pures Vergnügen: Baden im Biggesee.

förderbaren Erzvorräte erschöpft waren.

▶ Der besondere Tipp

Im Jahr 2008 konnten die Karl-May-Festspiele des Elspe-Festivals ihr 50-jähriges Jubiläum feiern. Von Juni bis August wird im Sauerland der Wilde Westen mit Indianern und Cowboys auf einer 100 Meter breiten Naturbühne zum Leben erweckt. Stuntmen, Cascadeure und Schauspieler garantieren zusammen mit technischen Effekten wie zusammenstürzenden Bergen oder explodierenden Häusern für Spannung und Action. Vorstellungen finden bei jeder Witterung statt, da alle Sitzplätze überdacht und vor Regen geschützt sind. Neben der Inszenierung auf der großen Bühne lockt ein Rahmenprogramm mit Tierdressur, Musik- und Stuntshow sowie Street Entertainment.

◉ www.elspe.de.
◉ www.lennestadt.de

Olpe

Gleich zweimal in seiner Geschichte wurde Olpe durch einen Großbrand fast vollständig zerstört – zuletzt im Jahr 1795. Die neue Stadt, seit 1819 Sitz der Kreisverwaltung, entstand danach auf dem Reißbrett und hat bis heute ihr Gesicht bewahrt. Olpes Stadtgebiet grenzt im Nordwesten an den Höhezug des Ebbegebirges und im Südosten an das Rothaargebirge. Zwischen Olpe und Attendorn liegt der Biggesee. Westfalens größte Talsperre wurde 1965 aufgestaut und ist rund 20 Kilometer lang. Für den Bau mussten mehr als 2500 Bewohner umgesiedelt werden. Einen ersten Überblick über den See mit seinen vielen Nebenarmen verschaffen sich Besucher am besten an Bord eines der Ausflugsschiffe. Die Schiffe der Weißen Flotte sind an Ostern und von April bis Ende Oktober auf dem See unterwegs. Wassersportfans finden auf dem Biggesee für Seglen, Surfen, Tauchen, Angeln oder Schwimmen ideale Bedingungen vor. Um den See führt ein speziell angelegter Rundwanderweg mit einer Gesamtlänge von 165 Kilometern, der in acht Etappen zu erwandern ist. Auf drei ausgeschilderten Wegen können Wanderer im Olper Stadtwald Hardt die Natur erleben. Während der Schulwald des Städtischen Gymnasiums und der philosophische Waldlehrpfad „Wald als Weg" einen ruhigen Zugang vermitteln, bietet der 2,2 Kilometer lange Trimm-dich-Pfad ein Konditionstraining. Olper Stadtgeschichte hingegen steht beim historischen Stadtrundgang im Mittelpunkt, der auf eigene Faust oder geführt erkundet werden kann.

Eine Station des historischen Stadtrundgangs ist die um 1373 entstandene Stadtmauer. Im Weierhohl sind noch der Engels- und der Hexenturm, der das älteste profane Gebäude der Stadt ist, erhalten. Ob in dem Turm tatsächlich der Hexerei angeklagte Bürger gefangen gehalten wurden, ist nicht beweisen. Olpe besitzt kein eigenes Stadtmuseum; der Geschichtsbrunnen auf dem Kurkölner Platz gewährt aber einen Einblick in die wechselvolle Geschichte Olpes. Älteste Kirche der Stadt ist die 1898 erbaute Evangelische Kirche an der Frankfurter Straße, die im historischen Stil mit rotem Backstein gebaut wurde. In der Nähe des Marktplatzes steht die dreischiffige Martinuskirche von 1907. Einer der Türme wurde im Zweiten Weltkrieg stark beschädigt und ist als Mahnmal erhalten geblieben. In der Kreisstadt finden regelmäßig kulturelle Veranstaltungen statt. Eines der größten Feste ist das im Juli auf dem Ümmerich gefeierte Schützenfest des St.-Sebastianus Schützenvereins.

Bekannt aus dem Wetterbericht der Tagesschau: Der Kahle Asten.

▶ **Der besondere Tipp**
Der Biggesee ist nicht nur über, sondern auch unter Wasser ein Erlebnis. Die direkt am Wasser gelegene Tauchschule bietet ein breites Kursangebot, um diesen faszinierenden Sport kennen zu lernen. Neben Kursen für Einsteiger und Fortgeschrittene führt die Tauchschule auch begleitete Tauchgänge durch.
◉ www.olpe.de
◉ www.tauchschule-biggesee.de

Wenden

„Wandern, Natur, Erholung, Gastfreundschaft" lautet das Motto der Flächengemeinde Wenden, deren Gemeindegebiet von Wiesentälern und Wäldern dominiert wird. Die südlichste Gemeinde des Sauerlandes ist angesichts eines gut ausgebauten Radwegenetzes und rund 320 Kilometer gekennzeichneter Wanderwege insbesondere für Radfahrer und Wanderer ein reizvolles Ziel. Im Ortsteil Römershagen entspringt in einem Waldstück auf einer Höhe von 446 Metern die Bigge. Anfangs ein beschaulicher Rinnsal, der sich seinen Weg über grobe Steine bahnt, füllt die Bigge nach nur 16 Kilometer einen der größten Stauseen Westfalens. In der Gemeinde Wenden wird altes, sauerländer Brauchtum gepflegt, das der Urlauber auf Schützen- und Sommerfesten, vor allem auf der Wendener Kirmes hautnah erleben kann. In fast jedem der 30 Ortsteile findet sich ein Musikverein.

Ein Teil der kulturgeschichtlichen Vergangenheit Wendens wird in den alten Pfarrkirchen und Kapellen erleb- und erfahrbar. Die katholische Pfarrkirche St. Severinus, eine fünfjochige Hallenkirche aus der Mitte des 18. Jahrhunderts, besitzt eine prächtige Ausstattung unter anderem mit Altären und Heiligenfiguren aus der Werkstatt von Johann Sasse. Diese stammen ebenso wie der wuchtige Turm von der Vorgängerkirche, die, nachdem die neue Kirche bereits größtenteils über der alten errichtet war, abgebrochen wurde. In der Nähe des Ortes Altenhof befindet sich die Wallfahrtskapelle Dörnschlade, die Mitte des 19. Jahrhunderts erbaut wurde. 1865 wurde in unmittelbarer Nähe eine Klause errichtet, in der heute eine Einsiedlerin wohnt und den Wallfahrtsort betreut. Sehenswert sind zudem die Pfarrkirchen in Hünsborn, Schönau und Römershagen.

Die „Wendsche Kärmetze" gilt als größtes Volksfest Südwestfalens und lockt seit über 250 Jahren am dritten Dienstag (Tierschau) im August sowie am Samstag und Sonntag zuvor, die Menschen nach Wenden. Entstanden ist die „Kärmetze" aus einem Kirchweihfest, das anlässlich der Einweihung des Neubaus der Wendener Pfarrkirche St. Severinus am 13. August 1752 gefeiert wird. Im Laufe der Jahrzehnte entwickelte sich um das Kirchweihfest ein Kram- und später noch ein Viehmarkt. In der zweiten Hälfte des 19. Jahrhunderts erweiterten erstmals Karussells, Glücksräder und Schießbuden das Angebot. Heute lockt die Kirmes mit immer neuen Fahrgeschäften Jahr für Jahr rund 300.000 Besucher aus nah und fern an.

▶ Der besondere Tipp

1728 entstand im oberen Biggetal die Wendener Hütte, in der in einem Holzkohle-Hochofen Eisenerz geschmolzen und das Eisen im benachbarten Hammerwerk weiterverarbeitet wurde. Seit 1989 kümmert sich der Museumsverein Wendener Hütte um die Anlage, die eine der ältesten noch hervorragend erhaltenen Holzkohle-Hochofenanlagen im mitteleuropäischen Raum ist. Zusammen mit einem Museum zur Geschichte des

Eisens kann das technische Kulturdenkmal, das aus insgesamt sieben Gebäuden besteht, besichtigt werden. An bestimmten Tagen wird im Hammerwerk die Kunst des Freiformschmiedens unter dem wassergetriebenen Schwanzhammer gezeigt. Ein vier Kilometer langer hüttengeschichtlicher Wanderweg führt rund um das Hüttengelände.

- www.wendener-huette.de
- www.wenden.de

Der Osten: Hochsauerlandkreis

Mit einer Fläche von fast 2000 Quadratkilometern ist der Hochsauerlandkreis mit seinen rund 280.000 Einwohnern der flächenmäßig größte Kreis von Nordrhein-Westfalen. Und auch die höchsten Erhebungen des Landes, der Langenberg (843 Meter) und der Kahle Asten (840 Meter), finden sich hier. Während der Langenberg, wenn auch nur denkbar knapp, den Titel höchster Berg des Landes für sich verbuchen kann, läuft ihm der Kahle Asten beim Bekanntheitsgrad deutlich den Rang ab. Vom Aussichtsturm auf dem Kahlen Asten reicht der Blick bei klarer Sicht bis zum 163 Kilometer entfernten Brocken im Harz. Im Winter ist er beliebtes Ziel von Wintersportbegeisterten und Schneewanderern. Eine weitere landesweite „Bestmarke" wird im Bestwiger Ortsteil Wasserfall erreicht, zu der ein Holzschild den Weg weist. Die rund 20 Meter hohe „Plästerlegge" ist der höchste natürliche Wasserfall in Nordrhein-Westfalen. Verwaltungssitz des Kreises ist die rund 32.000 Einwohner zählende Stadt Meschede, die landschaftlich reizvoll im Flusstal der Ruhr und in unmittelbarer Nähe des Hennesees liegt. Mit über 75.000 Einwohnern größte Stadt des Kreises und Sitz des gleichnamigen Regierungsbezirkes ist Arnsberg. Eines der beliebtesten Ziele der Stadt ist der Wildwald Vosswinkel, in dem Besucher das Leben der im Sauerland heimischen Wildtiere in ihrer natürlichen Umgebung in aller Ruhe beobachten können. Alles andere als ruhig geht es hingegen im größten Freizeitpark des Sauerlandes zu. Das „Fort Fun Abenteuerland" mit Attraktionen wie Wildwasser- und Achterbahnen sowie Shows lockt jährlich rund 400.000 Besucher nach Bestwig-Ramsbeck. In Ramsbeck wird zudem die langjährige Tradition des Sauerländer Bergbaus lebendig. Mit Helm und Schutzkleidung ausgerüstet geht es im Erzbergbaumuseum mit einer Grubenbahn rund 1,5 Kilometer in den Berg hinein. Im östlichen Teil des Kreises liegt die Medebacher Bucht, die aufgrund der besonderen Lage im Schatten des Rothaargebirges weniger Niederschlag und mehr Sonnenschein als das übrige Sauerland aufweist. In der auch als „Toskana des Sauerlandes" betitelten Bucht sind noch zahlreiche gefährdete Tier- und Pflanzenarten anzutreffen. Ein Reservat für gefährdete Tier- und Pflanzenarten stellen auch die Bruchhauser Steine bei Olsberg dar. Die vier gewaltigen Vulkanfelsen aus dem Erdaltertum vor 380 Millionen Jahren sind unter anderem das Brutrevier eines der letzten Wanderfalkenpaares des Landes.

◉ www.hochsauerlandkreis.de

Arnsberg

Im Jahr 789 wurde Arnsberg erstmals urkundlich erwähnt. Als Keimzelle der Stadt gilt das Schloss Arnsberg, das auf einem Bergrücken inmitten der Ruhrschleife, errichtet wurde. Seit seiner Zerstörung im Jahre 1762 – während des Siebenjährigen Krieges – ist es eine Ruine. Modelle des Schlosses sind im Sauerland-Museum ausgestellt. Mit rund 75.000 Einwohnern ist Arnsberg nach Iserlohn und Lüdenscheid die drittgrößte Stadt des Sauerlandes und Sitz des Regierungsbezirks Arnsberg. Über 60 Prozent des Stadtgebiets sind bewaldet.

Im Wildwald Vosswinkel können Besucher das Leben der im Sauerland heimischen Wildtiere in ihrer natürlichen Umgebung beobachten. Ein weiteres idyllisches Naherholungsgebiet stellt das Eichholz, der „Stadtpark" von Arnsberg, dar. In Neheim steht die Pfarrkirche St. Johannes Baptist, die Ende des 19. Jahrhunderts in Form einer Backsteinbasilika erbaut wurde. Wegen ihrer Dimensionen wird sie im Volksmund auch „Sauerland-Dom" genannt. Aus der Mitte des 19. Jahrhunderts stammt das Herdringer Schloss, das nach Plänen des Kölner Dombaumeisters Zwirner erbaut wurde, und das bedeutendste neugotische Schloss Westfalens ist. Der im englischen Stil angelegte Park lädt zu jeder Jahreszeit zu einem Spaziergang ein. Schlossführungen sind ab 20 Personen möglich und müssen im Vorfeld angemeldet werden.

Arnsbergs mittelalterlicher Stadtkern mit seinen historischen Bauten lässt sich am besten bei einer Stadtführung erleben. Neben dem regelmäßig von Mai bis Oktober am Samstagnachmittag stattfin-

Die malerische Altstadt von Arnsberg.

denden Stadtrundgang bietet der Verkehrsverein Arnsberg zahlreiche weitere Themenführungen. Der regelmäßige Stadtrundgang durch Arnsbergs historische Altstadt beginnt am Neumarkt und führt unter anderem zum Kloster Wedinghausen mit der Propsteikirche, der imposanten Schlossruine und dem klassizistischen Preußenviertel. Einblicke in die weit verzweigte Geschichte des kurkölnischen Sauerlandes bietet das Sauerland-Museum des Hochsauerlandkreises im geschichtsträchtigen Gebäude des Landsberger Hofes in der historischen Altstadt.

Seit 1949 lädt die Freilichtbühne in Herdringen Jahr für Jahr zum Sommertheater unter freiem Himmel ein. Etwas außerhalb des Dorfkerns, am Fuße des Theußenbergs, inmitten von Wäldern erhebt sich die Naturbühne mit der überdachten Zuschauertribüne. Spielzeit auf der Freilichtbühne ist von Ende Mai bis zu den ersten Septembertagen.
◉ www.freilichtbuehne-herdringen.de.

▶ Der besondere Tipp
Den Stimmen des Sauerländer Waldes lauschen oder das Verhalten der Waldtiere die ganze Nacht

beobachten, das ist im Wildwald Vosswinkel jedermann möglich. Der Wildwald im Lüerwald, dem laubholzreichsten Teil des Arnsberger Waldes, bietet inmitten des rund 700 Hektar großen Reviers eine geschlossene Schlafkanzel an. Von dieser aus kann man allein oder zu zweit die Nacht verbringen und sich der Natur ganz nah fühlen. Für Gruppen bis zu 15 Personen steht eine einfache Holzhütte mit Plumpsklo, Gaskocher und Holzofen zur Verfügung. Strom oder fließend Wasser gibt es allerdings nicht; zum Waschen befindet sich hinter der Hütte ein Bach.

◉ www.wildwald.de.
◉ www.arnsberg.de

Bestwig

Die Geschichte der Gemeinde Bestwig mit ihren heute rund 12.000 Einwohnern wurde durch zwei wirtschaftliche Entwicklungen entscheidend geprägt. Zum einen durch den Bau der Eisenbahn durch das Ruhrtal und zum anderen durch den Erzbergbau in Ramsbeck. Das Bahnbetriebswerk, das zeitweise bis zu 500 Mitarbeiter beschäftigte, wurde 1982 geschlossen. Vom ehemaligen Ringlokschuppen stehen nur noch die Außenmauern, die Drehscheibe wurde kurz nach der Schließung abgebaut. Für Bahnnostalgiker dennoch ein lohnenswertes Ziel. Aufgrund von Einsturzgefahr aber nur von außen. Völlig gefahrlos auch von innen lässt sich hingegen das Erzbergwerk in Ramsbeck besuchen. Im angeschlossenen Erzbergbaumuseum erhalten die Besucher einen informativen und anschaulichen Überblick über die Ramsbecker Bergbaugeschichte. ◉ www.besucherbergwerk-ramsbeck.de. Neben dem Besucherbergwerk in Ramsbeck finden sich auf dem Bestwiger Gemeindegebiet zahlreiche weitere Zeugnisse des frühen Bergbaus. Oberhalb von Ramsbeck liegt der Venetianerstollen, dessen Eingang im Bastenberg beschildert ist. Der Stollen kann nur von außen besichtigt werden, ein Gitter versperrt den Einstieg in den Stollen der mit einer Breite von höchstens 60 Zentimetern und einer Höhe von 140 Zentimetern einen sehr kleinen Querschnitt hat. Wissenschaftliche Untersuchungen weisen darauf hin, dass bereits seit dem 10. Jahrhundert im Venetianerstollen Bergbau betrieben wurde. Am Bastenberg lohnt zudem ein Spaziergang zum Rauchgaskamin, von dem aus der Wanderer einen guten Blick über das Valmetal hat. Über den Kamin wurden die giftigen Abgase einer Bleigrube hinaufgeleitet. Über Tage prägen die Täler der Ruhr, Valme und Elpe sowie die Gebirgszüge der Hunau und des Arnsberger Waldes das Gemeindegebiet. Staatlich anerkannte Erholungsorte sind seit 1995 die Ortsteile Ramsbeck und Ostwig. In Ostwig, das beschaulich im Elpetal liegt, dominieren Schiefer- und Fachwerkhäuser das gepflegte Ortsbild.

Zahlreiche Sagen ranken sich um die Veleda-Höhle im Ortsteil Velmede. Ein Gitter versperrt zwar den Zugang, dennoch lohnt sich ein Blick in den Eingang der Höhle, die lange vor der Eisenzeit bereits von Menschen benutzt wurde. Nicht minder spannende Einblicke in die jüngere Geschichte Bestwigs bieten das Rittergut Haus Ostwig und die alte Kornmühle in Ramsbeck. Schon im Jahre 1200 wird der alte Rittersitz Ostwig in einer Urkunde des Stiftes Meschede als Lehngut erwähnt. 1670 wurde das sich heute in Privatbesitz befindliche Haus zu einem zweigeschossigen Herrenhaus ausgebaut. Eine Besichtigung ist nicht möglich. Der Öffentlichkeit zugänglich ist hingegen die Alte Kornmühle Ramsbeck, die seit 1983 unter Denkmalschutz steht. Mit ihren drei Mühlrädern ist die Mühle, die Ende des 17. Jahrhunderts errichtet wurde, in Nordrhein-Westfalen einzigartig.

Wildwasser- und Achterbahnen sowie viele weitere Attraktionen und Shows locken jährlich rund 400.000 Besucher in den Freizeitpark „Fort Fun Abenteuerland". Der Park erstreckt sich auf rund 75 Hektar zwischen den Ortsteilen Andreasberg und Wasserfall. Der große Themenpark bietet für Kinder aller Altersgruppen und Jugendliche außergewöhnliche Fahrattraktionen in beeindruckender Berglandschaft. Der „Trapper Slider" ist mit 1,3 Kilometern die längste Rodelbahn Europas in einem Freizeitpark. Mit der Weltneuheit „Wild Eagle", einem Drachenfluggerät, können Besucher mit über 80 Stundenkilometern den Berg hinunter fliegen. Beliebt bei Familien ist auch das „Davy Crockett Camp" im Wald direkt am Park. Hier stehen kanadische Blockhäuser für sechs bis acht Personen mit Bad und Küche zur Verfügung. Bei klarem Wetter ein absolutes Muss ist das Erklimmen des 57 Meter hohen Stüppelturms. Von hier aus genießen Besucher einen grandiosen Blick über das Abenteuer- und das Sauerland.

◉ www.fort-fun.de

▶ **Der besondere Tipp**

Eine Ortsbezeichnung, die eindeutiger nicht sein könnte: Im Bestwiger Ortsteil Wasserfall weist ein Holzschild den Weg zu einem Wasserfall. Die rund 20 Meter hohe „Plästerlegge" ist der höchste natürliche Wasserfall in Nordrhein-Westfalen. Der Name setzt sich aus den plattdeutschen Begriffen „plästern" (regnen) und „Leggen" (Schieferfelsen) zusammen. Der Wasserfall, der nach langer regenarmer Witterung trocken fallen kann, ist nur zu Fuß zu erreichen. Vom Holzschild in Wasserfall sind es etwa 20 Minuten bis zu dem schluchtartigen Talkessel, in den das Wasser fast senkrecht über einen Felsvorsprung fällt. Unterhalb des Wasserfalls befinden sich eine Sitzecke und Infotafeln zur Flora im Naturschutzgebiet „Plästerlegge".
◉ www.bestwig.de

Brilon

Sie gilt als die Stadt des Waldes und als die Stadt, aus der Otto von Bismarck einst seine geliebten Pfeifen bezog – Brilon. Aber bereist lange vor Bismarcks Zeiten, als die Germanen auf die Kelten stießen, machte die heutige Stadt von sich reden. Auf einem geschichtsträchtigen Stück Erde, dem Borbergs Kirchhof, erwarten daher den Besucher 2.000 Jahre Heimatgeschichte. Brilon verfügt über eine Vielzahl an Kapellen und Kirchen, die durch die unterschiedlichsten Bau- und Epochenstile nicht nur für historisch Begeisterte interessant sind. An der verkehrsreichen Bundesstraße B7 gelegen, dient unter anderem die Thülener Keffelkekapelle der Ruhe und Entspannung. Auch die ein wenig außerhalb der reizvollen Altstadt und am Rande eines kleinen Wäldchens gelegene Rochuskapelle ist ein geschichtsträchtiger und dennoch beschaulicher Ort. 1676 aufgrund der damals herrschenden Pestepidemie errichtet, ist zudem ein Wäldchen nach ihr benannt, das heute jedoch Schauplatz eines jährlichen Vergnügens ist: Für Groß und Klein veranstaltet hier die Feuerwehr jedes Jahr im August ein großes Sommerfest. Einen Blick in das Innere einer weiteren Kirche können Besucher in die katholische Pfarrkirche St. Laurentius werfen. Das im Briloner Ortsteil Scharfenberg und auf das 18. Jahrhundert zurückgehende Gotteshaus besticht vor allem durch die reichhaltigen Rokokodetails der Treppen- und Kanzelbrüstung. Eine Besonderheit des rheinisch-westfälischen Raumes und Inhalt einer Sage zugleich stellt das wertvolle Gabelkreuz der Kirche dar. Auch die im Ortsteil Prixen ge-

legene Hubertuskapelle, die dank der künstlerischen und architektonischen Gestaltung in der Region ihres Gleichen sucht, ist ein Blick wert. Ob der in einem stillgelegten Steinbruch entstandene Gebirgssee im Ortsteil Messinghausen, das Wasserschloss der Familie Spee in Alme oder die interessanten Funde urzeitlicher Tiere, die zudem im Stadtmuseum ausgestellt werden, in der spannenden Ausgrabungsstätte in Nehden – die Briloner Region bietet vieles. Auch das Wahrzeichen Brilons, der Petrusbrunnen auf dem belebten Marktplatz, der einst aus einer nie versiegenden Quelle gespeist wurde, ist nicht nur für Einheimische von Bedeutung.

Ob Ausstellungen, Konzerte oder Theateraufführungen – in Brilon vergeht kaum eine Woche, in der keine Veranstaltung stattfindet. Im Mittelpunkt stehen dabei zwei musikalische Höhepunkte: Zum einen findet seit 1998 in den Monaten Juli und August der Briloner Musiksommer statt. An acht Abenden wird den Besuchern ein abwechslungsreiches Programm an Live-Musik geboten. Zum anderen verwandelt das Briloner Jazzfest die Aula des Gymnasiums im Oktober in einen Jazzclub mit einzigartiger Atmosphäre.

Ein ganz besonderer Höhepunkt für ist die Michaeliskirmes im September. Die größte Innenstadtkirmes des Sauerlands geht ursprünglich auf einen am Namenstag des heiligen Michaels abgehaltenen Jahrmarkt zurück.

▶ Der besondere Tipp

Alle zwei Jahre versammeln sich die Männer der Stadt zum Schnadezug. Diese Tradition reicht bis in das 14. Jahrhundert zurück: Damals machten sich die Männer auf, um die an den Grenzen ihrer Gemarkung aufgestellten Grenzsteine zu kontrollieren. Dieser historische Hintergrund ist heute einem der größten und originellsten Volksfeste Westfalens gewichen. Nach dem langen beschwerlichen Weg entlang der Grenze versammeln sich Einheimische wie Besucher auf einem Lagerplatz inmitten des Waldes und feiern gemeinsam.
◉ www.brilon.de

Eslohe

Urkundlich wird der staatlich anerkannte Luftkurort Eslohe erst-

Eslohes Ortskern prägen 200 Jahre alte Fachwerkhäuser.

mals im Jahre 1204 erwähnt. Damit ist die rund 9.000 Einwohner große Gemeinde eines der ältesten Kirchdörfer des Sauerlandes. Ein Zeuge dieser Jahrhunderte alten Geschichte ist der Stertschultenhof im Ortsteil Cobbenrode, der einer der bedeutendsten Höfe des Sauerlandes ist. Dessen ältester Gebäudeteil aus dem Jahr 1310 und dessen stattlichster aus dem Jahr 1769 stammt. Das als niederdeutsches Hallenhaus errichtete Haupthaus ist ein prägnantes Beispiel barocker Baukunst. Die Frontseite besitzt einen kunstvoll verzierten Giebel und für das Sauerland einzigartige Wandmalereien. Seit dem Jahr 2001 ist der Hof eine öffentliche Begegnungsstätte und kann von April bis Oktober mittwochs und am Wochenende besichtigt werden. Neben Ausstellungen zu landwirtschaftlichen Geräten und alten Haushaltgeräten beherbergt der Hof auch das Sauerländer Mundartarchiv. Der Leiter, Dr. Werner Beckmann, erläutert auf Anfrage die Besonderheiten der einzelnen Mundarten im Sauerland. Geprägt wird das Gebiet der Gemeinde von der hügeligen Landschaft des Naturparks Homert, in der sie fast vollständig liegt. Als Luftkurort verfügt die Gemeinde über ein Kurhaus mit Kurmittelabteilung sowie weitläufige Parkanlagen. Sehenswert ist zudem Eslohes historischer Ortskern mit mehreren 200 Jahre alten Fachwerkhäusern.

Nach heutigen Erkenntnissen entstand bereits im 9. Jahrhundert die Pfarrei St. Peter und Paul in Eslohe. Von den früheren Kirchbauten überstand die im Jahr 1465 von Johann van Dorpmunde gegossene Glocke die Jahrhunderte. Die heutige Kirche, die den historischen Ortskern von Eslohe prägt, wurde Ende des 18. Jahrhunderts errichtet. Seit Anfang der 1960er Jahre erstrahlt der Innenraum wieder im ursprünglich westfälischen Barock. Über einen Fußweg erreicht man von der Pfarrkirche St. Peter und Paul die Kapelle St. Rochus auf dem 370 Meter hohen Steltenberg. Die Kapelle aus der Mitte des 17. Jahrhunderts ist mit einer wertvollen barocken Wandmalerei ausgeschmückt. Fresken an der Ostwand zeigen die Märtyrerinnen St. Katharina und St. Lucia. Im Ortsteil Reiste steht die Pfarrkirche St. Pankratius aus dem Jahre 1852, die über eine wertvolle historische Orgel verfügt.

Im Maschinen- und Heimatmuseum Eslohe stehen die zahlreichen historischen Maschinen nicht still und stumm hinter Glas in Vitrinen.

Ganz im Gegenteil: In der Maschinenhalle wird ihnen im wahrsten Sinn des Wortes Dampf gemacht. Seit Herbst 2006 präsentiert sich das Museum an der Homertstraße, deren Grundstock die privaten Sammlungen des Esloher Fabrikanten Eberhard Koenig bilden, dank des Ausbaus zweier Fabrikhallen der ehemaligen Gelenkkettenfabrik auf einer Fläche von über 2.000 Quadratmetern. Neben den Maschinen werden originalgetreu ausgestattete Werkstätten verschiedener Handwerksberufe, eine historische Schmiede und Landmaschinen gezeigt. Für Kinder besonders reizvoll ist eine Fahrt mit der Museumseisenbahn, die von April bis Oktober jeden ersten und dritten Samstag im Monat möglich ist. Jeweils am letzten Wochenende im Mai und September finden die Dampftage „Alles unter Dampf" statt. I
◉ www.museum-eslohe.de.

▶ Der besondere Tipp

Frisches Brot ist ein Genuss, insbesondere wenn es aus einem historischen Steinofen stammt. In Eslohe kommt man gleich an zwei Orten zu dieser besonderen Gaumenfreude. In der Getreidemühle im Ortsteil Cobbenrode, deren Ursprünge im 17. Jahrhundert liegen, wird dank der erhaltenen und restaurierten Mühlentechnik noch Korn wie zu längst vergessenen Zeiten zu Mehl gemahlen. Gebacken wird das Brot an jedem ersten Samstag im Monat in einem Steinofen aus dem Jahr 1903, der im „Bakkes" (Backhaus) neben der Mühle steht. Sauerländer Brot nach einem uralten Rezept kommt auch aus dem Ofen des Backhauses im Ortsteil Wenholthausen. Das Backhaus aus der Mitte des 19. Jahrhunderts wurde im Laufe seiner Geschichte auch als Schmiede, Poststelle, Stellmacherei und Lagerraum genutzt. Nach einer umfangreichen Renovierung erstrahlt das Backhaus wieder in neuem Glanz und versetzt die Besucher zurück in der Zeit. Brot wird von April bis Oktober jeden Donnerstag um 15 Uhr gebacken.
◉ www.eslohe.de

Hallenberg

Das historische Fachwerkstädtchen Hallenberg mit seinen drei Ortsteilen Liesen, Hesborn und Braunhausen ist die südlichste Stadt des Hochsauerlandkreises. An den östlichen Ausläufern des Rothaargebirges und an der vorbeiführenden Landesgrenze zu Hessen gelegen, zeigt der Stadtkern auch heute noch den typisch ringartigen Straßenverlauf eines Dorfes aus früheren Jahrhunderten. Besonders die Vielzahl der Fachwerkhäuser, die das Bild der Stadt prägen, laden zum Rundgang durch die Stadt ein. Viele Häuser stammen aus dem 18. und 19., manche sogar aus dem 16. Jahrhundert und lassen in ihrer Gestaltung durch geschnitzte Eckständer und farbige Fassungen den Einfluss des benachbarten Hessenlandes deutlich erkennen. Neben diesen geschnitzten Ornamenten zieren die besonderen Bauwerke lateinische und deutsche Segenssprüche sowie Inschriften, die auf das Baujahr oder den Bauherren hinweisen. Von der um 1300 angelegten Stadtmauer können noch Überreste besichtigt werden. Diese starke Hallenberger Befestigung markierte bis ins 19. Jahrhundert hinein die Grenze der Wohnbebauung und wurde schließlich während der kurzen Hessen-Domstädtischen Regierungszeit niedergelegt. Einen Blick ins Innere und in das einstige Leben der Stadt bietet das Backhaus des Quartals Burg. In der um 1600 erbauten kunsthistorischen Sehenswürdigkeit wird heute noch nach einem überlieferten Verfahren ein kräftiges Steinofenbrot, die Hallenberger Spezialität, gebacken. Vom einstigen Leben zeugt auch noch die im frühen 18. Jahrhundert erbaute Vierzehn-Nothelfer-Kapelle.

Nach mündlicher Überlieferung fanden hier zahlreiche Opfer der immer wiederkehrenden Pestepidemien ihre letzte Ruhestätte. Seit 1958 findet allerdings hier ein Ereignis der besonderen Art statt: Alle zwei Jahre, am 24. Juli, dem Sonntag nach dem Fest des heiligen Christopherus, führt eine Fahrzeugprozession dort vorbei, zu deren Abschluss der Priester die vorbeifahrenden Gläubige segnet.

Von Juni bis September werden in herrlicher Naturkulisse verschiedene Theaterstücke geboten. Das Ensemble der Freilichtbühne Hallenberg zeigt auf der in einem ehemaligen Steinbruch gelegenen großen und aufwendig gestalteten Bühne vieles, vom klassischen Theaterstück bis hin zum modernen Musical.
- www.freilichtbuehne-hallenberg.de

Ausstellungen und Veranstaltungen verschiedenen Künstler finden, neben einer Multimedia-Ausstellung über Hallenberg und die Umgebung, im Informationszentrum Kump am Marktplatz statt. Seit 2006 als erstes Klettergebiet im Sauerland freigegeben, ist das Klettergebiet Steinschwab in einem ehemaligen Steinbruch sowohl für

Einsteiger als auch für Profis geöffnet. Die erforderliche Ausrüstung, Helm, Haken und Seile, kann beim SGV Hallenberg ausgeliehen werden. Der Kletterspaß ist kostenlos.

Bekannt ist auch die Hallenberger Osternacht. Sie ist ein alter Brauch aus der Zeit vor der Christianisierung und diente wohl der Vertreibung der Wintergeister und der Weckung der Vegetation des jungen Jahres. Heute ist es eine österliche Prozession, die zu Mitternacht mit Rasseln, Klappern, Trommeln und etlichen „Krachwagen" in flackerndem Licht durch die Gassen Hallenbergs bis hin zum Petrusbrunnen führt.

◉ www.hallenberg-info.de

Marsberg

Marsberg liegt am östlichen Rand des Sauerlands, und damit praktisch an der Nahtstelle zwischen Hessen und Nordrhein-Westfalen. An dieser befindet sich auch der vier Kilometer lange und bis zu einem Kilometer breite Diemelsee. Der Stausee, der von bis zu 600 Meter hohen Bergen umgeben ist, ermöglicht die Versorgung von Weser und Mittellandkanal mit Wasser, so dass hier die Schifffahrt bei gleichmäßigem Wasserstand möglich wird. Erkunden lässt sich der See wahlweise mit Elektro-, Tret- und Ruderbooten. Segeln, Surfen und Kanu fahren ist ebenso möglich. Marsberg kann auf eine lange und wechselvolle Geschichte zurückblicken. Zahlreiche Zeugnisse aus der Vergangenheit lassen die Geschichte der Stadt lebendig werden. Von der alten sächsischen Grenzfeste auf dem Eresberg, die 772 durch die Franken unter Karl dem Großen erobert wurde, sind noch Reste der alten Ringmauer mit dem Buttenturm erhalten. In den weit verzweigten Gängen der Drakenhöhlen unterhalb des Buttenturms soll noch ein prächtiger Goldschatz vergraben sein. Wenn auch kein Gold, aber zumindest Kupfer wurde in Marsberg über viele Jahrhunderte im Berg gefunden. Faszinierende Einblicke in rund 1000 Jahre Kupferbergbau gewährt das Besucherbergwerk „Kilianstollen" (◉ www.kilianstollen.de). Von 1842 bis 1945 wurde im Kilianstollen, der am südöstlichen Rand der Kernstadt Marsbergs liegt, Kupfer abgebaut. Bei der großen Führung geht es sogar auf einer Teilstrecke mit der Grubenbahn in die geheimnisvolle Welt im Berginnern.

Wer Kultur und Wandern miteinander verbinden möchte, sollte sich auf den rund 16 Kilometer langen

Rundweg zwischen Marsbergs Fußgängerzone und dem Priesterberg begeben. Die fünfstündige Wanderung führt unter anderem an der Drakenhöhle, der alten Stadtmauer und der Stiftskirche vorbei. In Marsbergs Kernstadt finden sich mehrere moderne Skulpturen, die sich bei einem gemütlichen Spaziergang entdecken lassen. Auch in den Ortsteilen Marsbergs finden sich zahlreiche bedeutende Baudenkmäler. Bredelar wird vom 1201 errichteten Zisterzienserkloster geprägt, das nach langjähriger Restaurierung seit 2008 in altem Glanz erstrahlt. Eine Besichtigung und Führung ist nur noch vorheriger Anmeldung möglich (◉ www.kloster-bredelar.de). Heddinghausens Dorfmittelpunkt, die Pfarrkirche „St. Hubertus", beherbergt eine sehenswerte Randebrock-Orgel. Vorbild für die Muttergottesgrotte auf dem Waschhof in Oesdorf war die berühmte Grotte im französischen Lourdes.

Ein Gefühl für die Natur vermittelt der 3,5 Kilometer lange Rundweg „Naturerlebnis Wald" im Naturpark Eggegebirge. An über 20 Stationen können Besucher durch ihr eigenes Handeln, durch Sehen, Hören und Tasten den Wald bewusst genießen und erleben. Sei es aus dem Nest einer Nachtigall, während einer Kletterpartie über Hängebrücken oder beim Blick in den Teich. Aussichtskanzeln eröffnen Einblicke in die Kinderstuben des Mäusebussards und der Spechte. Der ganzjährig geöffnete kostenlose Rundweg ist behindertengerecht ausgebaut. Startpunkt ist das Forsthaus im Ortsteil Meerhof.

▶ Der besondere Tipp

Die Magerweiden im Glockengrund bei Marsberg-Udorf sind eine ganz besondere Landschaft. Sie sind die Heimat vieler seltener Blumenarten wie Orchideen, Zittergras und Heide-Günsel. Damit die Kalkmagerrasen erhalten bleiben zieht seit 1991 wieder eine Wanderschafherde über die Marsberger und Briloner Hochflächen. Durch das Naturschutzgebiet führt ein zwei Kilometer langer Rundweg zu zehn ausgewählten Stationen.
◉ www.marsberg.de

Medebach

Weniger Niederschlag und mehr Sonnenschein als im übrigen Sauerland – die Medebacher Bucht am Fuße des Rothaargebirges trägt zu Recht den Beinamen „Toskana des Sauerlandes". Die Hansestadt Medebach profitiert dabei von ihrer Lage im Regenschatten des bis zu 800 Meter hohen Rothaargebirges. In der Medebacher Bucht sind noch zahlreiche gefährdete Tier- und Pflanzenarten anzutreffen. Diese ursprüngliche Landschaft mit ausgedehnten Buchenwäldern, blütenbunten Feuchtwiesen und zahlreichen Bachläufen kann auf inzwischen vier Naturwegen entdeckt werden. Von den bewaldeten Höhen bieten sich dem Wanderer immer wieder reizvolle Ausblicke auf die Hochebene mit ihren weiten Tälern. Fast das gesamte Stadtgebiet unterliegt den strengen FFH-Richtlinien (Fauna, Flora, Habitat) der EU. Neben dem Naturerlebnis bietet das 8.500-Einwohner große Medebach zahlreiche Sport- und Freizeitmöglichkeiten sowie interessante Sehenswürdigkeiten. Bemerkenswert ist die Pfarrkirche St. Peter und Paul im Stadtkern. Sie wurde 1857 auf den Grundmauern einer Basilika aus dem 12, Jahrhundert errichtet. In unmittelbarer Nachbarschaft steht die 1283 errichtete Andreaskapelle. Die Andreaskapelle, Medebachs ältestes Gebäude, ist während Ausstellungen zu besichtigen. Eine Dauerausstellung zur Geschichte Medebachs und seiner Ortsteile ist im städtischen Heimatmuseum untergebracht. In dem Fachwerkhaus aus dem späten 18. Jahrhundert wird die Entwicklung Medebachs von einer Ackerbürgerstadt hin zu einer Fremdenverkehrsstadt gezeigt.

Einblicke in das Drechsler-Handwerk bietet die Dreggestobe (Drechselstube) im Heimathaus in Düdinghausen. Jeden Donnerstagnachmittag von März bis Oktober führen Drechslermeister das Drechseln von Tellern, Schalen und Kunstgegenständen vor. In Düdinghausen informiert ein geschichtlicher Dorfrundgang anhand von 20 Häuser- und Kirchentafeln über die wechselvolle Geschichte des Dorfes an der Grenze zwischen Waldeck und Kurköln. Nordrhein-Westfalens letzte Schwerspatgrube wurde dank einer ehrenamtlichen Initiative im Dorf Dreislar ein Denkmal gesetzt. Nach mehr als dreijähriger Arbeitsphase und 20.000 freiwilligen Arbeitsstunden der Dorfbewohner vermittelt das Museum seit August 2008 den Besuchern den Ar-

Kneipp-Touren - Eine Wohltat für den Körper.

beitsalltag in der Grube und deren Geschichte. Informationen ◉ www.schwerspatmuseum.de.

▶ Der besondere Tipp
Nervenkitzel und garantiert jede Menge Spaß in luftiger Höhe bietet der Hochseilgarten im Ortsteil Küstelberg. Mit einer Fläche von 4.000 Quadratmetern und mehr als 20 Übungen zählt die Anlage deutschlandweit zu einer der größten. Auf dem Gelände ragen 16 Baumstämme zwischen zwölf und 20 Meter hoch in den Himmel und sind mittels Seil- und Balkenkonstruktionen miteinander verbunden. Informationen unter
◉ www.aktiv-im-sauerland.de
◉ www.medebach.de

Meschede

Die Kreisstadt liegt im Herzen des Hochsauerlandes. Hier kreuzen sich mit den Bundesstraßen 7 und 55 die wichtigsten Verkehrsstraßen. Vor den Toren der Stadt liegt der Hennesee, der sich über das Gebiet der Stadt Meschede und der Gemeinde Bestwig erstreckt. Der Stausee ist Wasservorratsbehälter für das Ruhrgebiet, aber vor allem attraktives Ziel Erholungssuchender. Einen ersten Überblick über den See und die angrenzende Landschaft gewährt eine gemütliche Fahrt mit der M.S. Hennesee, dem Fahrgastschiff des Sees. Wer dem „Stau" im Namen ganz nahe kommen möchte, kann die innere Staumauer bei einer Führung besichtigen und die einzelnen Maschinen und Pumpen in Augenschein nehmen. Wer auf einen Ausblick übers Sauerland nicht verzichten kann, sollte den 413 Meter hohen Küppel in Freienohl aufsuchen. Vom 45 Meter hohen Küppelturm hat man Ausblicke auf die Erhebungen der Naturparke Arnsberger Wald und Homert sowie auf das mittlere Ruhrtal und das Wennetal. Ein Wahrzeichen von Meschede ist die Friedenskirche, die weithin sichtbar auf dem Gelände der Abtei Königsmünster steht. Im Herzen der Stadt findet sich die Pfarrkirche St. Walburga, die auf den Grundmauern eines vorromanischen Baus errichtet wurde. Lohenswert ist ein Abstecher in die über 750 Jahre alte Bergstadt Eversberg, die auf einem Bergkegel oberhalb des Ruhrtals liegt und bis 1975 eine selbstständige Stadt war. Vom verfallenen Turm der Burgruine Eversberg genießt man einen herrlichen Blick über das obere Ruhrtal und die Ausläufer des Arnsberger Waldes. Charakteristisch für Eversbergs Stadtbild sind die schiefergedeckten zweigeschossigen Fachwerkhäuser, die überwiegend aus dem 18. Jahrhundert stammen. Eversbergs Kultur- und Ortsgeschichte wird im Heimatmuseum erläutert.

Wissenswertes aus der über 1000-jährigen Geschichte Meschedes erfährt man bei einem Stadtrundgang entlang der 20 Mescheder Geschichtssteine, auf denen kleine Geschichten in Wort und Bild vorgestellt werden. Im Zentrum des Mescheder Kulturlebens stehen die Veranstaltungen in der Stadthalle. Während der Sommerferien in Nordrhein-Westfalen werden für Kinder täglich Aktivitäten im Rahmen des Ferienprogramms „Rund um den Hennesee" angeboten. Meschede verfügt mit dem „Linden-Center" am Kaiser-Otto-Platz über ein eigenes Kino.

Fahrspaß der besonderen Art bieten so genannte Quads. Geländegängige Kraftfahrzeuge für bis zu zwei Personen, die zwar wie Motorräder nur mit Helm, aber dennoch mit PKW-Führerschein gefahren werden dürfen. In Meschede haben auch Familien die Möglichkeit diesen besonderen Fahrspaß zu erleben. Alle Touren sind für Anfänger, Familien mit Kindern und erfahrene Quad-Fahrer durchdacht und in der Praxis erprobt. Informationen ◉ www.ixsports.de.

▶ Der besondere Tipp
1928 erhielten die Benediktiner der Abtei St. Ottilien auf dem Mescheder „Dünnefeld" ein Gelände für eine Klosterneugründung. 1934 konnte der erste Flügel des neuen Klosters bezogen werden. Bis heute beteiligen sich die Mönche des Klosters „Königsmünster", das 1956 zur Abtei erhoben wurde, aktiv am öffentlichen Leben in Meschede. Dies nicht zuletzt durch das 1957 auf dem Klostergelände errichtete Gymnasium. Die Mönche bieten – allerdings nur für Männer – das Klosterleben für eine bestimmte Zeit mitzuerleben. Im Sommer sind es insbesondere junge Männer, die

nach dem Abitur diese Möglichkeit nutzen, um sich in der Ruhe und Abgeschiedenheit des Klosterlebens auf ihren kommenden Lebensabschnitt vorzubereiten. Das Angebot von „Kloster auf Zeit" steht Männern zwischen 18 und 45 Jahren offen. Informationen
- www.abtei-koenigsmuenster.de.
- www.meschede.de

Olsberg

Dem Element Wasser begegnet man in Olsberg, dem ältesten Kneippkurort im Sauerland, auf Schritt und Tritt. Und dies, ganz im Sinne der Lehren von Pfarrer Sebastian Kneipp, gerne auch mal barfuß. Ein 42 Kilometer langer Kneippwanderweg führt seit einigen Jahren auf etwa 42 Kilometern durch die Olsberger Landschaft. Diese ist von Bergen und Tälern sowie einem großen Höhenunterschied geprägt. Während Olsbergs niedrigster Punkt auf 331 Metern liegt erhebt sich mit dem 843 Meter hohen Langenberg Nordrhein-Westfalens höchster Berg auf dem Stadtgebiet. An sechs natürlichen Wasserstellen können Wanderer ihre müden Füße und den Kreislauf wieder fit bekommen. Überregional bekannt ist Olsberg für die Bruchhauser Steine; vier riesige Vulkanfelsen aus dem Erdaltertum vor 380 Millionen Jahren, die sich in der Nähe des Europagolddorfs Bruchhausen erheben. Die gewaltigen Steine sind Lebensraum vieler seltener Pflanzen und Brutplatz seltener Vogelarten. Besonders geschützt ist das Brutrevier eines Wanderfalkenpaares am Bornstein, das rund um die Uhr bewacht wird. Vom 756 Meter hohen Feldstein, der als einziger begehbar ist, genießt man nach steilem, mit Drahtseilen gesichertem Aufstieg (Trittsicherheit und festes Schuhwerk sind vor allem bei Nässe erforderlich!) einen herrlichen Blick über das Sauerland bis hin zum Teutoburger Wald. Ein Tipp für durstige Wanderer: Unterhalb des Feldsteins befindet sich am Wanderweg die „Ewige Quelle". Selbst im Hochsommer sprudelt aus der Quelle frisches Grundwasser, das sich hervorragend als Durstlöscher eignet. Wer nach dem Besuch der Felsen noch Zeit hat, sollte einen Abstecher ins sehenswerte Europa-Golddorf Bruchhausen mit Bauern- und Kräutergärten sowie der historischen Schlossanlage mit Hofbrauerei und Kutschenmuseum machen.

1975 wurde Olsberg aus mehreren Ämtern und Gemeinden gegründet. Eine junge Stadt, deren insgesamt elf Ortsteile aber auf eine lange Geschichte zurückblicken können. Heimatmuseen in den einzelnen Dörfern mit ihren Jahrhunderte alten Fachwerkhäusern dokumentieren diese wechselvolle Geschichte. Ebenso wie die fünf Schlösser im Stadtgebiet, die sich alle in Privatbesitz befinden und nur von außen besichtigt werden können. Olsbergs Bergbautradition wird seit einigen Jahren im Phillipstollen wieder lebendig. Der im Briloner Eisenberg gelegene Stollen wurde bereits in vorchristlicher Zeit bergmännisch ausgebeutet. Weitere Zeugnisse des Bergbaus finden sich im Heimatmuseum von Wulfringhausen und in Antfeld, dessen Dorfbild vom früheren Schieferbergbau geprägt wird.

▶ Der besondere Tipp

Mehr als einen Kilometer geht es über Wellen und durch Kurven rasant den Berg hinab. Mit der Bergrodelbahn Sternrodler genießen Kinder wie Erwachsene ein eindrückliches Fahrerlebnis durch die Sauerländer Bergwelt. Die schwungvolle Fahrt mit atemberaubenden Steilkurven und Sprüngen ist das ganze Jahr über möglich.
◉ www.olsberg.de

Schmallenberg

83 Ortschaften umfasst Schmallenbergs Stadtgebiet seit der kommunalen Neugliederung im Jahre 1975. Mit rund 303 Quadratkilometer ist sie nach Köln die flächengrößte Stadt Nordrhein-Westfalens. International bekannt ist die 26.000-Einwohner-Stadt für die seit dem 19. Jahrhundert hier ansässige Textilindustrie, die ihr den Beinamen „Strumpfstadt" einbrachte. Größtes Unternehmen ist die Falke-Gruppe, die in der Stadt neben mehreren Werken auch einen Werksverkauf (siehe „Ein Stück Sauerland zum Mitnehmen") unterhält. Schmallenbergs historischer Ortskern wird von klassizistischen Bauten und Fachwerkhäusern mit ihren Dächern aus Naturschiefer geprägt. Zahlreiche Fachgeschäfte finden sich hier, die zum ausgedehnten (Einkaufs)-bummel über das Kopfsteinpflaster einladen. Alle zwei Jahre lockt das mehrtägige Straßenfest „Schmallenberger Woche" zehntausende Besucher in den dann autofreien Ortskern. Fast 90 Prozent des Stadtgebietes sind Wald oder landwirtschaftlich genutzte Fläche. Vom „grünen" Schmallenberg kann man sich vom Aussichtsturm auf dem 658 Meter hohen Wilzenberg oder dem teilweise wieder aufgebauten

Turm der Burgruine „Rappelstein" in Nordenau ein Bild machen. Neben Schmallenbergs Kernstadt sind Nordenau, Grafschaft und Bad Fredeburg (einziges Kneippheilbad im Hochsauerlandkreis) staatlich anerkannte Kurorte. In dem 1072 als Benediktiner-Abtei gegründeten Kloster Grafschaft ist heute ein Fachkrankenhaus untergebracht. Das Klostermuseum gibt Einblicke in die Kunst und Geschichte des Klosters.

Daneben sind insbesondere die romanischen Kirchen in Wormbach und Berghausen von historischem städtebaulichem Interesse. Die Pfarrkirche St. Peter & Paul in Wormbach ist eine der ältesten und künstlerisch bedeutsamsten Sauerländer Kirchen. Bereits um 850 stand an der Stelle der heutigen, um 1250 errichteten spät-romanischen Hallenkirche, ein Gotteshaus. Die Ausmalung des Mittelschiffs mit den zwölf Tierkreiszeichen gilt in der europäischen Kirchenmalerei als Seltenheit. Nicht nur selten, sondern deutschlandweit einmalig dürfte der zwischen Bad Berleburg und Schmallenberg verlaufene WaldSkulpturenWeg sein. Auf den knapp 20 Kilometern haben seit dem Jahre 2000 international bekannte Künstler einen der ungewöhnlichsten Wanderwege geschaffen. Im Jahre 2008 waren neun der elf geplanten Skulpturenplätze bereits fertig gestellt. Unter den neun Schmallenberger Museen sind das Schieferbergbau- und Heimatmuseum in Holthausen sowie die Besteckfabrik Hesse in Fleckenberg von besonderem Interesse.

▶ Der besondere Tipp

Zwei Stollen in den Ortsteilen Bad Fredeburg und Nordenau werden besondere Wirkungen zugeschrieben. Im Bad Fredeburger Felicitas Stollen, der 1998 in einer Schiefergrube entstand, herrscht ein für Menschen wohltuendes Mikroklima vor. Bei konstant 9 Grad Lufttemperatur reichert sich die Luft fast bis zur Sättigung mit Wasserdampf an. Staub, Pollen und Krankheitserreger werden in diesem Klima mit winzigen Nebeltröpfchen umschlossen und nach außen befördert, so dass sich die unablässig erneuernde Stollenluft fast keimfrei ist. Im Energiefeld des Nordenauer Stollen, der ebenfalls im Schiefergebirge liegt, entspringt eine Quelle mit so genanntem reduziertem Wasser. Dieses dient offenbar als Fänger von freien Radikalen (Stoffwechselabfallprodukten) und damit der Entlastung der Körperzellen.

◉ www.felicitas-stollen.de

- www.stollennordenau.de
- www.schmallenberg.de

Sundern

Der Sorpesee zählt mit einer Wasserfläche von 330 Hektar zwar nicht zu den größten, aber zu einem der schönsten Stauseen des Sauerlandes. Zwischen 1928 und 1935 errichtet, liegt er eingebettet in eine malerische Landschaft zwischen ausgedehnten Wäldern und bis zu 600 Meter hohen Bergen. Neben dem Wintersportgebiet Hagen-Wildewiese ist er das beliebteste Erholungsziel in Sundern. Bietet er Sportbegeisterten doch vielfältige Möglichkeiten wie Segeln, Rudern, Schwimmen oder Surfen. Wem das an Ein- oder Ausblicken noch nicht genügt, sollte die Stufen des renovierten Aussichtsturms am Ehrenmal erklimmen. Oben angekommen bietet sich ein Panoramablick über den Sorpesee bis weit ins Röhrtal hinein. Die Landschaft rund um den Sorpesee ist wie das übrige Stadtgebiet Sunderns, mit Ausnahme der Kernstadt, von land- und forstwirtschaftlich strukturierten Ortschaften geprägt. Eines der interessantesten Bauwerke, das Mitte des 19. Jahrhunderts aufgegebene Kloster Brunnen, liegt südöstlich des Ortsteils Endorf mitten im Wald.

In dem ehemaligen Kloster befand sich bis in die 1960er Jahre eine Volksschule, heute wird das Gebäude von der Katholischen Gemeinde genutzt. Sehenswert ist die kleine Kirche und eine Grundwasserquelle, der heilende Kräfte nachgesagt werden. In Endorf selbst befindet sich das Heimat- und Jagdmuseum „Alte Schmitte", in dem unter anderem ein kleines Besucherbergwerk untergebracht ist. Ein weiteres Bergbaumuseum befindet sich im Ortsteil Hagen.

Die Geschichte einiger Ortsteile der heutigen Stadt Sundern, die 1975 durch die kommunale Neugliederung entstand, kann teilweise bis ins 10. Jahrhundert zurückverfolgt werden. Zeugnisse aus dieser Zeit, die Reste einer Wallburg („Güllene Ring"), finden sich noch am Dümberg zwischen Endorf und Linnepe. Auf einem Rundweg von 18 Kilometer Länge um den Ortsteil Allendorf bieten sich nicht nur schöne Ausblicke über das Sauerland, sondern auf 32 Bild- und Texttafeln Einblicke in die Geschichte des Ortes. Die Handwerks-, Industrie- und Wirtschaftsgeschichte wird im denkmalgeschützten Gebäude einer alten Kornbrennerei (an der Hauptstraße in Sundern) beleuchtet. Das Gebäude basiert auf einem mittelalterlichen Wehrbau und dürfte eines der ältesten in Sundern sein. Heinrich Lübke, dem berühmtesten Sohn der Stadt, wurde im Ortsteil Enkhausen eine Gedächtnisstätte eingerichtet. Lübke wurde 1959 zum zweiten Bundespräsidenten der Bundesrepublik gewählt.

◉ www.sundern.de

Winterberg

Den Titel höchster Berg des Sauerlandes und damit auch höchster Berg Nordrhein-Westfalens verfehlt der „Kahle Asten" mit seinen 841,5 Metern denkbar knapp. Gerade einmal anderthalb Meter höher ist der auf Olsberger Gebiet liegende Langenberg (843 Meter). Dennoch ist das Sauerland rund um den „Kahlen Asten", der als „Vater der sauerländischen Berge" gilt, am höchsten. Winterberg selbst ist mit fast 670 Metern die höchstgelegene Stadt Nordwestdeutschlands. Von der Aussichtsplattform des Turms auf dem „Kahlen Asten" bieten sich bei klarem Wetter traumhafte Fernblicke über das Sauerland und Wittgensteiner Land. Rund eine halbe Million Menschen besuchen Jahr für Jahr den „Kahlen Asten" und machen ihn damit zum meistbesuchten Berg Nordwestdeutschlands. Inmitten der Hochheide entspringt die Lenne. Die Lennequelle ist mit 830 Metern die höchstgelegene Quelle Nordrhein-Westfalens. Und auch die Ruhr, die dem Ruhrgebiet den Namen gab, entspringt nördlich von Winterberg. International bekannt ist Winterberg durch seine Bob- und Rodelbahn, die 1977 eröffnet wurde und zu den schnellsten der Welt zählt. Alljährlich finden in dem Eiskanal Weltcuprennen der Bob-, Rodel- und Skeletonszene statt. Durch die Höhenlage gilt Winterberg als relativ schneesicheres Skigebiet. Um auch in schneearmen Wintern das Skivergnügen durchführen zu können, wurden zahlreiche Skipisten mit Beschneiungsanlagen ausgerüstet und die Abfahrten schneesicher gemacht. Schlittschuhlaufen ist in der ganzjährig geöffneten Eissporthalle möglich.

Woanders als in Winterberg könnte die jahrzehntelange Wintersportgeschichte des Sauerlandes präsentiert werden. Im Dachgeschoss einer Scheune in Neuastenberg befindet sich das Westdeutsche Wintersportmuseum, das auf rund 240 Quadratmeter diese wechselvolle Geschichte lebendig werden lässt. Geschichte und Gegenwart trifft in „Borgs Scheune" im Ortsteil Züschen aufeinander. In dem Fachwerkhaus aus dem 18. Jahrhundert finden regelmäßig Konzerte, Ausstellungen und Lesungen statt. Die Heimatstuben in Siedlinghausen zeigen anhand von zahlreichen Exponaten die Entwicklung des Dorfes sowie des oberen Sauerlandes. Sehenswert in dem Heilkurort Winterberg ist die auf einem Kirchhügel gelegene St. Jakobus-Kirche, die in ihrer heutigen Form 1796 errichtet wurde. Teile des Altars stammen aus dem Anfang des 18. Jahrhunderts, die barocken Apostelfiguren stammen aus dem 1803 aufgegebenen Kloster Grafschaft.

Rutschen, Klettern, Biken oder Rodeln – der Erlebnisberg Kappe wartet gleich mit mehreren Attraktionen auf. 700 Meter führt die Sommerrodelbahn durch Kurven, über Sprünge und Brücken den Berg hinab.

▶ Der besondere Tipp

Mit bis zu 130 Kilometern pro Stunde durch den Winterberger Eiskanal – eine der schnellsten und längsten Kunsteisbahnen weltweit.

Ein Besuch in Winterberg lohnt auch für einen kleinen Einkaufsbummel.

Ein rasantes Erlebnis, das zwar nach gerade einmal einer Minute wieder vorbei ist, aber vermutlich lebenslang unvergessen bleibt. Der Nervenkitzel in einem originalen Viererbob wird von Anfang November bis Ende Februar an der Winterberger „Kappe" angeboten, wobei ein erfahrener Pilot den Taxi-Bob über die rund 1,3 Kilometer und durch insgesamt 15 Kurven wie den berühmten „Kreisel" steuert. Nähere Informationen und aktuelle Termine unter www.olympic-bobrace.de. Auch ohne Gästefahrt lässt sich die Bobbahn hautnah erfahren: Die Winterberger Tourist-Information bietet regelmäßig Führungen durch die Bobbahn an.

⊙ www.winterberg.de

Das hessische Upland

Die nordöstlichen Ausläufer des ansonsten westfälischen Rothaargebirges gehören zum hessischen Landkreis Waldeck-Frankenberg. Das so genannte Upland (plattdeutsch für „Auf dem Land") weist mit dem knapp 843 Meter hohen Hegekopf die zweithöchste Erhebung des Sauerlandes auf. Unmittelbar auf der Landesgrenze liegt der höchste Berg des Sauerlandes: der Gipfel des Langenbergs liegt allerdings knapp auf westfälischer Seite. Bedeutendster Ort des Uplands und einer der bekanntesten des gesamten Sauerlandes ist die Gemeinde Willingen, die sich gänzlich dem Tourismus verschrieben hat. Weit über eine Million Gäste jährlich, darunter eine große Anzahl von in Gruppen anreisenden Partytouristen, sprechen eine deutliche Sprache. Die alljährlich an der Mühlenkopfschanze stattfindenden Weltcup-Skispringen haben Willingen auch international bekannt gemacht. Etwas ruhiger geht es in der malerisch am gleichnamigen Stausee gelegenen Gemeinde Diemelsee zu. Idealer Ausgangspunkt zur Erkundung des Sees ist der Ortsteil Heringhausen, der unmittelbar am Ufer liegt.

⊙ www.landkreiswaldeck-frankenberg.de

Diemelsee

Die Gemeinde Diemelsee liegt im hessischen Teil des östlichen Sauerlandes und ist insbesondere durch den gleichnamigen Stausee bekannt, dessen Staumauer aber schon auf dem Stadtgebiet vom nordrhein-westfälischen Marsberg liegt. Anlass zur Errichtung der Sperre war der Bau des Mittellandkanals. Sie gilt auch heute noch als Anlage der Wasserstraße Weser. Zentraler und größter Ort der kleinen Gemeinde ist Adorf. In Geologenkreisen ist Adorf aufgrund der Martenberger Klippe weltweit bekannt. Die Rote Klippe zeigt in einzigartiger Weise die Sedimentation auf einem unter dem Meer liegenden Vulkan vor mehr als 360 Millionen Jahren und steht wegen dieser geologischen Besonderheit unter Naturschutz. Wer die in den Jahren 1913 bis 1922 erbaute Diemeltalsperre erkunden möchte, ist im Ortsteil Heringhausen gut aufgehoben. Liegt er doch unmittelbar am Ufer des idyllischen Sees und bietet Erholungssuchenden wie Sportbegeisterten ein vielfältiges Angebot. Von hier aus werden Rundfahrten über den See angeboten, können Segel-, Elektro- und Tretboote geliehen oder ein erfrischendes Bad im kostenlosen Strandbad genossen werden. Das Wasser des Diemelsees ist relativ klar und fischreich und stellt somit ein ideales Revier für Taucher dar. In der so genannten Tauchbucht zwischen Helminghausen und Heringhausen ist das Tauchen in der Nähe der Staumauer erlaubt. Hier sind Tauchgänge bis zu 30 Meter Tiefe möglich. Die Sichtweite beträgt etwa zehn Meter und lässt damit genug Blick auf die reiche Unterwasserwelt zu. Informationen gibt es bei der DLRG Ortsgruppe Bad Arolsen unter Telefon 05691/91566. Weit über Wasser, auf dem höchsten Berg des Naturparks Diemelsee, dem „Dommel", steht ein Aussichtssturm. Von der Aussichtplattform des 738 Meter hohen Dommel genießt der Wanderer einen weiten Blick über den Naturpark Diemelsee und die Berge und Täler des Sauerlandes.

Im Zentralort Adorf fällt die mächtige romanische Basilika ins Auge, die in der zweiten Hälfte des 12. Jahrhunderts als Wehrkirche errichtet wurde. Bemerkenswert ist auch die zweitürmige romanische Kirche in Flechtdorf, die einst Teil des 1101 durch Graf Erpo von Padberg gestifteten Benediktinerklosters war. Eine weitere romanische Kirche steht in Heringhausen. Die St. Barbara-Kirche wurde um 1100 als romanische Basilika mit einem reizvollen Tennengewölbe erbaut.

▶ Der besondere Tipp

Die über 800-jährige Tradition des Erzbergbaus in Adorf können Besucher bei einer Führung durch das Besucherbergwerk „Grube Christiane" erleben. Auch im Sommer ist für den Grubenbesuch warme Kleidung empfehlenswert, liegt die Temperatur in der Grube das ganze Jahr über bei acht Grad Celsius.

⊙ www.grube-christiane.de

Willingen

International bekannt ist die Gemeinde Willingen durch das alljährlich stattfindende Weltcup-Skispringen an der Mühlenkopfschanze. Bis zu 100.000 Besucher verfolgen an drei Tagen die „Flüge" von der weltweit größten Großschanze. Auch außerhalb der Wettkämpfe ist die Schanze einen Besuch wert. Bei den regelmäßig durchgeführten Besichtigungen können Besucher auch einen Blick vom Anlaufturm wagen. Ein weiteres Wahrzeichen von Willingen ist die im Stile eines Viadukts angelegte Eisenbahnbrücke. Erbaut wurde sie in den Jahren 1913 bis 1917 im Zuge der Bahnstrecke von Korbach nach Brilon-Wald. Das beeindruckende Bauwerk hat eine Länge von 290 Metern und ist bis zu 31 Meter hoch. Unterhalb des Viadukts befindet sich seit einigen Jahren eine ungewöhnliche Minigolf-Anlage – der deutschlandweit einmalige „Abenteuer-Golf". Die Anlage ist nur ein Beispiel für eine ganze Fülle von Freizeitmöglichkeiten in Willingen. Wie kaum ein zweiter Ort im Sauerland hat die Gemeinde sich ganz auf den Tourismus eingestellt – mit Erfolg. Weit über eine Million Gäste kann das 6.500 Einwohner zählende Willingen jährlich verzeichnen, darunter eine große Anzahl von in Gruppen anreisenden Partytouristen. Beliebtes Ausflugsziel ist der im Jahre 2002 eröffnete Hochheideturm auf dem Ettelsberg. Mit 875 Metern Höhe ist die verglaste Aussichtsplattform der höchste Aussichtspunkt in Nordwest-Deutschland. Für Wagemutige befindet sich an der Nord-West-Seite des Turmes die mit 44 Metern höchste

Mountainbiker finden, wie hier in Willingen top Vorraussetzung zur Ausübung ihres Sportes.

Ein sommerlicher Blick auf die Ortschaft Willingen.

Freiland-Kletterwand Europas. Am bequemsten geht es auf den Ettelsberg mit der einzigen Kabinen-Seilbahn im Rothaargebirge, die einen Höhenunterschied von 235 Meter überwindet.

Bevor der Tourismus im Upland zur wichtigsten Erwerbsquelle wurde, lebte ein Großteil der Bevölkerung von der Eisenverhüttung, dem Leinenhandel und dem Schieferabbau. Die Anfang der 1970er Jahre stillgelegte Grube „Christine" dient heute als Besucherbergwerk. Führungen unter fachmännischer Anleitung durch die Schiefergrube finden das Ganze Jahr über statt. Eisvergnügen auch im Sommer bietet die Willinger Eissporthalle mit ihrer 30 mal 60 Meter großen Eisfläche. Ein rasantes Fahrvergnügen im Sommer ist auf der 700 Meter langen Sommerrodelbahn am Hoppern bei jedem Wetter garantiert.

Einen Überblick über Lebensweise, Geschichte und Kultur des Waldecker Uplandes gibt das Heimatmuseum im Ortsteil Usseln. Anhand von zahlreichen Exponaten auf einer Ausstellungsfläche von über 250 Quadratmeter der frühere Alltag der Bewohner dargestellt. Die Kohlenmeiler qualmen schon lange nicht mehr in den Wäldern rund um Willingen. Im Ruthmecketal (Wanderweg W2) und am Opferknochen in Neerdar (Wanderweg N2) wurden allerdings zwei Kohlenmeiler zu Demonstrationszwecken wieder aufgebaut. Die Überreste einer mächtigen Befestigungsanlage aus dem frühen Mittelalter finden sich am Hegeberg in Schwalefeld. Die Befestigung der Schwalenburg besteht aus mehreren Wallringen und Gräben. Einen guten Überblick über das eindrucksvolle sechs Hektar große Gelände bietet ein Aussichtspodest.

1.200 Quadratmeter Wasserspaß mit Karibik-Flair bietet das Lagunen-Erlebnisbad am Hagen. Die zwei Innen- und zwei Außenbecken sind ganzjährig geöffnet und bieten bei Wassertemperaturen von 28 und 33 Grad Celsius besonders im Winter ein ganz spezielles Badevergnügen. Kinder erfreuen sich an einem Felsen mit Wasserfall, einer Spiel- und Regengrotte, einem Wildwasserkanal, Wasserkanonen, Bodensprudel, einer Breitwellenrutsche, einer 125 Meter langen Riesenrutsche und einer dunklen Rutsche mit Lichtattraktionen. Ergänzt wird der Wasserspaß von einer großen Saunawelt. Nähere Informationen unter www.lagunenerlebnisbad.de.

▶ Der besondere Tip
Glasblasen ist eine Jahrhunderte alte Tradition und vor allem eine Kunst. Wie schwer es ist, diese Kunst zu erlernen, können Besucher in der Glasbläserei Willingen erfahren. Unter fachkundiger Anleitung fertigen Besucher aus der glühend heißen Glasmasse ihr eigenes Glas. Professionelle Glasbläser zeigen zudem, wie aus einer unförmigen Masse wahre Kunstwerke entstehen. Was alles aus Glas entstehen kann, wird im Ausstellungs- und Verkaufsraum gezeigt. Nähere Informationen über die handwerkliche Tradition der Glasbläserkunst unter www.glasgalerie-willingen.de.
◉ www.willingen.de

Der Norden:
Der südliche Kreis Soest

Der flächengrößte Stausee Nordrhein-Westfalens, die Möhnetalsperre, bildet den malerischen Übergang vom Sauerland zur Soester Börde. Eingebettet in dem im Jahre 1961 gegründeten Naturpark Arnsberger Wald laden der See und die ihn umgebende reizvolle Landschaft zum Erleben ein. Wassersportler können den See aktiv beim Angeln, Schwimmen, Surfen und Segeln erleben. Wanderer und Spaziergänger wissen das umfangreiche Wanderwegenetz rund um den See zu schätzen. Im neu eingerichteten Klangwald, einem Kunstwanderweg am südlichen Seeufer, kann man zudem den Wald mit allen Sinnen erleben. Sauerländer Geschichte lässt sich auf Schritt und Tritt in der Altstadt von Rüthen, die von einer rund drei Kilometer langen Stadtmauer umgeben ist, erleben. Eine Vielzahl historischer Bauten haben in Rüthen die Jahrhunderte überdauert. Das Alte Rathaus im Ortsteil Kallenhardt gilt als ältestes Gebäude im Kreis Soest.

⦿ www.kreis-soest.de

Möhnesee

Am Nordrand des Naturparks Arnsberger Wald liegt das „Westfälische Meer" – die Möhnetalsperre. Legt man die Wasseroberfläche als Maßstab zugrunde, so ist der Möhnesee die größte Talsperre des Sauerlandes. Beim Gesamtstauraum geht dieser Titel allerdings an die Biggetalsperre im Kreis Olpe. Am Nordrand des Sees reiht sich ein reizvolles Dorf an das andere. Unvergessen ist bis heute die Zerstörung der Staumauer am 17. Mai 1943 durch den Einsatz so genannter „Rollbomben". In der verheerenden Hochwasserflut kamen mindestens 1.600 Menschen ums Leben. Aufgrund des Einsatzes tausender Zwangsarbeiter konnte der Wiederaufbau der 1913 eingeweihten Talsperre bereits im Oktober 1943 abgeschlossen werden. Auf dem Wasser und rund um den See gibt es vielfältige Angebote zur Urlaubs- und Freizeitgestaltung. Über die Landschaft rund um die Möhnetalsperre sowie den Naturpark Arnsberger Wald informiert das Landschaftsinformationszentrum (LIZ) im Ortsteil Günne. Im LIZ sind auch originale Filmaufnahmen der Talsperrenzerstörung zu sehen. Zudem bietet die ehrenamtlichen Mitarbeiter ein vielseitiges Exkursionsangebot (⦿ www.liz.de) für alle Altersstufen an. Die Naturpromenade „Wasser & Wald" an der Hevehalbinsel informiert an 19 Stationen über landschaftliche und historische Besonderheiten. Ausgangspunkte sind die Parkplätze „Delecker Brücke" und „Torhaus". Im Wildpark Völlinghausen können bei freiem Eintritt Dam-, Rot- und Sikawild beobachtet werden. Zu Anfang des Parks finden sich kleine Volieren, Käfige und Gehege für Haustiere und Ziergeflügel. In den Volieren sind mehrere Fasanen- und Wachtelarten sowie verschiedene Singvögel zu sehen. Außerdem gibt es ein Zwergziegengehege, in dem die Tiere gestreichelt und gefüttert werden können.

Wie nah sich Sauerland und Soester Börde am Möhnesee sind, lässt sich am besten vom Bismarckturm aus genießen. Der Turm, der am Kreuzungspunkt der Bundesstraßen 516 und 229 liegt, ist bei guter Sicht von Mai bis Oktober an Sonn- und Feiertagen von 10 bis 12 Uhr geöffnet.

Eine architektonische Besonderheit stellt die Drüggelter Kapelle zwischen den Ortschaften Delecke und Körbecke dar. Vermutlich wurde sie im 12. Jahrhundert von Kreuzrittern nach dem Vorbild der Grabeskirche in Jerusalem erbaut. Die Besonderheit der Kirche mit ihrem kleinen Glockenturm wird erst beim Betreten sichtbar. Der gerade einmal elf Meter im Durchmesser messende Raum wird von 16 Säulen bestimmt, welche die Decke tragen. Der äußere Säulenkranz besteht aus zwölf weiteren Säulen. Bis heute konkurrieren verschiedene Deutungen und Interpretationen über den ursprünglichen Sinn und Zweck der Kirche miteinander. Historisch gesichert ist hingegen die Entstehungsgeschichte der St. Pankratius-Kirche im Ortsteil Körbecke. Die dreischiffige, vierjochige Hallenkirche ist fast 300 Jahre alt und besitzt eine prachtvolle Innenausstattung, die im Jahre 1720 vom Belecker Holzbaumeister Heinrich Stütting geschaffen wurde.

Eine Schifffahrt über den Möhnesee ist für kleine „Kapitäne" bereits ein Erlebnis. Zum Abenteuer wird die Fahrt aber erst mit dem Shuttleboot MS Körbecke. Europaweit einmalig dockt das Shuttleboot während der Fahrt mitten auf dem See an den Katamaran MS Möhnesee an. Die behindertengerechte Bauweise ermöglicht ein Umsteigen trockenen Fußes selbst für Rollstuhlfahrer. Vor der Delecker Brücke dockt das Shuttle wieder ab und fährt nach Körbecke. Das Shuttle fährt nur an Wochenenden, Feiertagen und in den Sommerferien von Nordrhein-Westfalen.
⊙ www.moehneseeschifffahrt.de.

▶ Der besondere Tip
Windgeige, Stehharfe oder Klangspinne – nur drei von insgesamt zehn Kunstobjekten, die im Klangwald mit allen Sinnen erfahrbar sind. Startpunkt für den Klangwald ist der Parkplatz „Torhaus" an der Bundesstraße 229. Für den 3,5 Kilometer langen Rundweg und die Klangkunstobjekte am Wegesrand sollten Wanderer etwa eine Stunde einplanen. An windstillen Tagen können die Objekte auch von Hand betätigt werden, deutlich reizvoller ist es allerdings, wenn der Wind diese Aufgabe erledigt. In der Stehharfe und der Klangwiege erlebt man besondere Momente der Entspannung, wenn man die Saiten zupft und die erzeugten Töne mit dem ganzen Körper spürt. Der Klangwald ist ein Erlebnispunkt des überregionalen Wanderwegs Sauerland-Waldroute.
⊙ www.moehnesee.de

Rüthen

Mit fast 160 Quadratkilometern ist Rüthen die flächengrößte Gemeinde im Kreis Soest. Zu der alten Berg- und Hansestadt am Oberlauf der Möhne gehören außer der Kernstadt noch 14 weitere Ortschaften, die sich vielfach ihre Ursprünglich- und Beschaulichkeit bewahrt haben. Die Altstadt von Rüthen ist von einer rund drei Kilometer langen Stadtmauer umgeben. Als Ausgangspunkt für einen Rundgang durch Rüthens Historie eignet sich am besten das Hachtor aus dem 14. Jahrhundert, das als einziges von ursprünglich vier Stadttoren noch erhalten ist. Die ursprüngliche Breite der Stadtmauer von bis zu 1,40 Meter ist noch an einigen Abschnitten festzustellen. Die Rüthener sind stolz auf ihre wechselvolle Geschichte und lassen daher viele alte Traditionen wie die alljährliche Lobeprozession oder das Hochfest der Bürgerschützen weiter fortleben. Die geschichtliche Entwicklung des Rüthener Raumes lässt sich auch an dem Mitte der 1980er Jahre errichteten Marktbrunnens ablesen. Die Bronzeplastiken wurden 1996 durch den Lippstädter Bildhauer Edmund Brockmann ge-

Die Talsperre ist ein beliebtes Ausflugszeil für Wanderer - aber auch Technikfans kommen gerne.

schaffen. Vom Bildhauer Wolfgang Lamchè aus Ennigerloh stammen die Skulpturen „Rüthener Eselei", die vor dem Rathaus stehen und an das über Jahrhunderte wichtigste Lasttier in der Stadt erinnern sollen. Im Vergleich zu anderen Städten der Region war in Rüthen der Esel, der zum Transport von Leseholz aus dem Wald sowie von Korn und Mehl genutzt wurde, sehr häufig anzutreffen. Bis heute gilt diese „Eselei" noch als ironisches Synonym für die Bürger der Stadt. Im Ortsteil Kallenhardt befindet sich die Kulturhöhle „Hohler Stein", in der bei Ausgrabungen Funde aus verschiedenen Epochen seit Ende der letzten Eiszeit gemacht wurden.

Eine Vielzahl historischer Bauten haben in Rüthen die Jahrhunderte überdauert. Im barocken Kapellenvorbau der neugotischen Johanniskirche, deren Turm bereits 1736/37 errichtet wurde, befindet sich mit der Steinskulptur „Maria vom Stein" Rüthens ältestes Kunstwerk. Wahrscheinlich kurz nach der Stadtgründung im Jahr 1200 wurde die Skulptur aus heimischem Grünsandstein geschaffen. Ebenfalls aus Grünsandstein ist das Barocktor am Eingang zum Rüthener Friedhof, das ursprünglich 1684 vom bekannten Ordensbaumeister Ambrosius von Oelde als Portal für eine Klosterkirche geschaffen wurde. In der Frühen Neuzeit war Rüthen Schauplatz von Hexenprozessen. Bis 1660 wurden über 100 Prozesse durchgeführt. Aufgrund seiner zeitweiligen Funktion als Kerker- und Folterkammer wird der aus dem 14. Jahrhundert stammende Turm an der Südwestecke der historischen Stadtmauer im Volksmund als „Hexenturm" bezeichnet. Im Inneren des halbrunden Turmes befindet sich ein kleines Museum mit Exponaten aus der Zeit der Hexenprozesse. In unmittelbarer Nähe erinnert eine alte Seilerei an dieses Handwerk, das Mitte des 19. Jahrhunderts in Rüthen eine Blütezeit erlebte. Besonders sehenswert im Ortsteil Kallenhardt ist das Alte Rathaus, welches als das älteste Gebäude im Kreis Soest gilt.

▶ Der besondere Tipp

Unübersehbar, hoch über dem Tal der Möhne, steht am höchsten Punkt der Oberstadt von Rüthen auf 386 Metern Höhe ein Wasserturm. Dieser überragt mit seinen fast 36 Metern deutlich die höchsten Gebäude der Stadt und bietet damit einen hervorragenden Weitblick. Von der Aussichtsplattform in 30 Metern Höhe des 1909 in Ziegelbauweise errichteten Turmes schweift der Blick über die Höhen des Arnsber-

ger Waldes, den Haarstrang sowie des Bürener Landes. Auch 100 Jahre nach seiner Errichtung ist der Turm mit einem Fassungsvermögen von 150 Kubikmetern in Betrieb.
- www.ruethen.de

Warstein

Untrennbar ist der Name der Stadt Warstein mit einer der bekanntesten Biermarken verbunden. Gebraut wird das Bier, welches den Namen der Stadt weltweit bekannt gemacht hat, in einer der modernsten Braustätten Europas. Das 30 Hektar große Brauereigelände liegt am Rande des Naturparks Arnsberger Wald. Ausgedehnte Mischwälder und Felder bestimmen in weiten Teilen das Landschaftsbild der Stadt und sorgen damit für einen hohen Erholungswert. Vom im Jahre 2008 errichteten Lörmecketurm haben Wanderfreunde bei gutem Wetter einen traumhaften Panoramablick vom Hochsauerland über den Haarstrang und die Westfälische Bucht bis hin zum Teutoburger Wald. Der 35 Meter hohe Turm steht zwischen Warstein und Eversberg auf dem mit 581 Meter höchsten Punkt des Arnsberger Waldes. Die filigrane Konstruktion des Turmes aus Rundhölzern und Stahlringen ist europaweit einmalig und ein von weitem sichtbarer Blickfang. Neben der Kernstadt gehören zu Warstein acht weitere Orte, deren Geschichte teilweise bis ins 11. Jahrhundert zurück reicht. Allagen, Niederbergheim und Mülheim werden erstmals 1072 urkundlich erwähnt. Im Ortsteil Sichtigvor hat das Handwerk der Kettenschmiede eine lange Tradition. Auf dem Mühlengelände steht eine alte Kettenschmiede, in der die Herstellung von schmiedeeisernen Ketten vorgeführt wird. Für ausgedehnte Wanderungen ist der staatlich anerkannte Erholungsort Hirschberg mit seinem historischen Ortsbild ein idealer Ausgangspunkt. Dass Warstein nicht nur wasser- und wald-, sondern auch steinreich ist, wird in Suttrop deutlich. Suttrop ist für seine Quarzkristalle, die so genannten „Suttroper Diamanten" bekannt, die im landschaftlich reizvoll gelegenen Diamantenpark bewundert werden können.

Im 18. Jahrhundert als Herrenhaus für Industriellenfamilien errichtet, beherbergt das sehenswerte „Haus Kupferhammer" an der Belecker Landstraße seit 1962 das Stadtmuseum. Zu sehen sind unter anderem eine Dauerausstellung zur Stadt- und Wirtschaftsgeschichte Warsteins und eine Sammlung westfälischer Steinplastiken. Von besonderem Reiz sind die historischen Zimmer aus dem 19. Jahrhundert. Ein weiteres Stadtmuseum befindet sich im Ortsteil Belecke. In den Räumen der alten Belecker Pfarrdeele von 1809 wird die Sauerländer Klostergeschichte mit zahlreichen liturgischen Geräten des 15. bis 18. Jahrhunderts präsentiert. An einen alten Wirtschaftszweig, der Mitte des 19. Jahrhunderts im Sauerland seine Blütezeit erlebte, erinnert das Kohlenmeilergelände im Hirschberger Stadtwald. Inmitten eines alten Buchenbestandes wurden 1975 ein Schaumeiler und eine originalgetreue Köhlerhütte errichtet. Alle vier bis fünf Jahre (zuletzt im Jahre 2009) finden im Sommer die 14-tägigen Hirschberger Köhlerwochen statt, bei dem ein Kohlenmeiler aufgebaut und abgebrannt wird. Die dabei entstehende Holzkohle kann käuflich erworben werden.

Ein faszinierendes unterirdisches Labyrinth erwartet die Besucher der Warsteiner Bilsteinhöhlen, die inmitten eines Wildparks liegen. Auf einer Fläche von 35 Hektar können hier Tiere dank großzügiger Gehege in ihrer natürlichen Umgebung erlebt werden. Schautafeln informieren über die einzelnen Tierarten des Wildparks, die mit vor Ort angebotenem Futter angelockt werden können. Direkt am Bilsteinbach, der durch die Bilsteinhöhlen fließt, liegt ein Waldspielplatz mit zahlreichen Geräten für Spiel und Abenteuer. Noch mehr Abenteuer bietet eine Abenteuerführung durch die unbeleuchtete Höhle. Mit Schutzhelmen und Grubenlampen ausgestattet fühlt man sich wie ein echter Höhlenforscher. Der Warsteiner Wildpark ist bei freiem Eintritt ganzjährig geöffnet. Hunde dürfen an der Leine mitgeführt werden.

⦿ www.hoehle-warstein.de und
⦿ www.wildpark-warstein.de.

▶ Der besondere Tipp

Alljährlich im Spätsommer versammeln sich oberhalb von Plückers Hoff Ballonfahrer aus der ganzen Welt. 1986 mit gerade einmal 30 Ballonen gestartet, hat sich die Warsteiner Internationale Montgolfiade zum größten Ballonsportereignis in Europa entwickelt. Jahr für Jahr sind bis zu 200.000 Besucher hautnah dabei, wenn rund 300 Ballone von Warstein aus auf eine sanfte Reise durch die Lüfte aufbrechen. Besonders faszinierend sind die Massenstarts der Ballone und die nach Einbruch der Dunkelheit stattfindenden Nightglows. Ein umfangreiches Rahmenprogramm unter anderem mit Brauerfest und Mitfahrgelegenheiten macht die

Montgolfiade zu einem unvergesslichen Erlebnis.
- www.warsteiner-wim.de
- www.warstein.de

Feste und Veranstaltungen

„Man muss die Feste feiern, wie sie fallen." Eine Redensart, die im Sauerland oft und gern verwendet wird. Verstehen es die Sauerländer doch zu feiern, auch abseits der beliebten Schützenfeste, die fester Programmpunkt im Veranstaltungskalender sind. Nicht eindeutig zu beantworten ist, wo denn nun das größte Schützenfest im Sauerland gefeiert wird. Gleich mehrere Orte nehmen für sich in Anspruch, das größte Schützen- oder Volksfest zu feiern. Eines der größten Schützenfeste veranstaltet alle zwei Jahre (zuletzt im Jahre 2009) in Neheim die Schützenbruderschaft St. Johannes Baptist Neheim 1607. Tausende Besucher säumen die Straßen, wenn der große Festzug mit rund 20 Musikkapellen durch die Neheimer Innenstadt zieht. Internationale Musikkapellen, Orchester und Showbands sind beim jährlich stattfindenden Schützenfest der Iserlohner Bürger-Schützen zu Gast.

Die Montgolfiade bildet einen der Höhepunkte im Veranstaltungskalender von Warstein.

Verbunden werden die Schützenfeste oftmals mit einem bunten Kirmestreiben. Alljährlich im Mai feiern die Lüdenscheider Bürger-Schützen auf dem Festplatz an der Hohen Steinert neben ihrem Schützenfest auch eine der größten Kirmessen des Sauerlandes. Alljährlich am dritten Dienstag im August sowie am Samstag und Sonntag zuvor wird in Wenden die „Wendsche Kärmetze" gefeiert. Sie wird ebenso wie die am zweiten Wochenende im September stattfindende Kirmes in Hüsten als größtes Volksfest im Sauerland beworben. Dabei ist es zweitrangig, wer diesen Titel zu Recht trägt, sehens- und besuchenswert sind sie alle gleichermaßen.

Im Sauerland wird im Gegensatz zu vielen anderen westfälischen Regionen ausgelassen Karneval gefeiert. Insbesondere in den ehemals kurkölschen Gebieten des Hochsauerlandkreises, Olper und Soester Kreises hat die „fünfte Jahreszeit" eine lange Tradition. Einer der längsten Rosenmontagsumzüge zieht im Warsteiner Ortsteil Belecke durch die Straßen. Am Veilchendienstag lockt der Attendorner Umzug mehrere zehntausend Besucher in die alte Hansestadt. Bekanntester Karnevalsumzug im Märkischen Kreis ist der närrische Lindwurm durch die Mendener Innenstadt am Tulpensonntag.

Einige Wochen vor dem Osterfest beginnen freiwillige Helfer in den Ortschaften damit aus Ästen und Tannengrün beeindruckende Osterfeuer aufzuschichten, die in der heiligen Osternacht abgebrannt werden. Seit dem 17. Jahrhundert findet am Sauerländer Dom in Attendorn am Ostersonntag die Segnung der Ostersemmel statt. Auf den Hügeln gegenüber den ehemaligen Stadttoren werden gegen 21 Uhr große mit Stroh umwickelte Kreuze angezündet und abgebrannt. Zeitgleich finden vier Prozessionen von den ehemaligen Stadttoren zum Sauerländer Dom statt. Dort enden die Osterfeierlichkeiten mit einer Abendandacht.

Sportliche Höhepunkte reihen sich Sommer wie Winter dicht aneinander. Die Winterberger Bobbahn ist alljährlich Schauplatz von nationalen und internationalen Bob- und Rodelrennen. Und auf der hochmodernen Mühlenkopfschanze in Willingen finden sich Jahr für Jahr die weltbesten Skispringer zum spannenden Wettkampf ein. Iserlohn ist Heimat der in der Deutschen Eishockey-Liga (DEL) spielenden Iserlohn Roosters. Eines der international bedeutendsten Reitturniere findet mit

Die Welt der Fahrzeuge in Minitaur: Siku macht es möglich.

dem Balve Optimum auf der Reitanlage im Ortsteil Wocklum statt. Ein weiteres Mal im Jahresablauf trifft sich die internationale Reitelite im Sauerland, wenn die Warsteiner Champions Trophy ausgetragen wird. Für Mountainbiker ist die reizvolle Mittelgebirgslandschaft des Sauerlandes ein wahrhaft faszinierendes Fleckchen Erde. Rennatmosphäre lässt sich aktiv als Teilnehmer oder passiv als Zuschauer bei zahlreichen Rennen wie dem Bike-Festival Saalhausen, dem Grafschafter Sauerland-Bike-Marathon oder dem P-Weg-Marathon in Plettenberg erleben. Seit 1986 findet in Warstein mit der Warsteiner Internationalen Montgolfiade (Beginn immer am ersten Wochenende im September) der größte europäische Heißluftballon-Wettbewerb statt.

Ein Stück Sauerland zum Mitnehmen

Liebe geht bekanntlich durch den Magen. Da liegt es nahe, den Magen der Daheimgebliebenen und den eigenen mit einem originalen Sauerländer Souvenir zu beglücken. Besonders köstlich sind die Käsespezialitäten der Region. Natürliche Zutaten, Handarbeit und viel Liebe lassen Käse vom Camembert bis zum Hartkäse reifen. Die Sauerländer Bauernkäserei Löffler in Schmallenberg-Dornheim, (◉ www.bauernkaeserei.de) hat 15 verschiedene Sorten Schnitt- und Weichkäse im Angebot, die alle aus Rohmilch hergestellt werden. Schnittkäse und Camembert aus Ziegenmilch lässt Stefan Knecht in Hallenberg (◉ www.stefan-knecht.de) reifen.

Nach drei Monaten Reifezeit kann der Bergkäse von Michael Dömer aus Kirchhundem-Rahrbach, Zur Hardt 16, Telefon 02764-7676, probiert werden. Sie tragen Namen wie „Märkische Hotte" oder „Märkisches Laibchen", die Käse aus der Bio-Hofkäserei des Märkischen Landmarktes in Nachrodt-Wiblingwerde, Hinterveserde 3, Telefon 02334/441555. Der Hofladen ist mittwochs und freitags jeweils von 14.30 bis 17 Uhr geöffnet. Liebhaber von Wurst und Fleisch werden zum Beispiel bei Jörg Kinold, Nägelsbach 7, in Hallenberg-Braunshausen, Telefon 02984-8715, (Hausmacher Wurst) und Familie Henke (Knochenschinken), Kirchstraße 6, in Oberkirchen, Telefon 02975/201, fündig.

Der einstigen Biermetropole Dortmund hat das Sauerland mit seinen drei großen Marken Warsteiner, Veltins und Krombacher (Von Krombach in den Kreis Olpe ist es zwar nur ein Katzensprung, aber streng genommen gehört der Ort am Rande des Rothaargebirges zum Siegerland) längst den Rang abgelaufen. Und man kann hier weit mehr Andenken erstehen, als eine Flasche Bier. Die „Warsteiner Welt" ist im Waldpark von Warstein zu Hause, kann ganzjährig, sieben Tage die Woche besucht werden, und bietet unter anderem eine Fahrt mit einem futuristischen Bus durch die Brauerei. Immer dienstags findet in Meschede-Grevenstein um 9.30 Uhr eine Führung durch die Veltins-Brauerei statt, an der auch Einzelpersonen teilnehmen können. Nach Voranmeldung (Telefon 02732-880-380) kann die Krombacher-Brauerei montags bis donnerstags besichtigt werden. Aber auch die kleineren Sauerländer Brauereien verstehen es schmackhafte Biere zu brauen. Die größte unter den kleinen Brauereien ist die Iserlohner Privatbrauerei in der Grüner Talstraße 40 – 50

Falke-Socken - ein Proukt aus Schmallenberg.

Ein Stück Sauerland zum Mitnehmen

Auch Käse zählt zu den beliebten Mitbringseln aus dem Sauerland!

in Iserlohn. Besichtigungen sind auf Anfrage möglich. Zu einem westfälischen „Herrengedeck" gehört neben einem frisch gezapften Bier auch ein Korn. Alle Brennereien im Kapitel „Essen und Trinken".

Kaffee aus dem Sauerland klingt zunächst abwegig, ist aber seit 2003 in Lüdenscheid Realität. In seiner eigenen Rösterei „Kaffeekultur", Schemper Straße 6, kreiert Inhaber Sebastian Bankhöfer unter anderem die „Lüdenscheider Röstung" und „Lükafair", den feinen Lüdenscheider Stadtkaffee.

In Lüdenscheid sind auch zwei weltbekannte Modellbaufirmen ansässig, welche insbesondere die Augen von kleinen und großen Jungs leuchten lassen. Die Firma Siku stellt hochwertige Spielzeugmodelle vom Sportwagen bis zum Baukran her, die fast ausschließlich aus Zink gefertigt werden. Unter dem Namen Wilesco fertigt die Firma Wilhelm Schröder originalgetreue Dampfmaschinen und Modelle. Vor Ort ist ein Einkauf zwar nicht möglich, aber die Produkte gibt es in Spielzeugläden und im Internet unter ◉ www.siku.de und ◉ www.wilesco.de zu kaufen.

Hochwertige Bekleidung, insbesondere Beinbekleidung, stellt das international agierende Familienunternehmen Falke in Schmallenberg her. Der Fabrikverkauf in der Ohlgasse 5 ist montags bis freitags von 10 bis 18 Uhr und samstags von 9 bis 16 Uhr geöffnet. Es sind kleine Kunstwerke, welche die Glasbläser in der Glasmanufaktur in Willingen, Zur Hoppecke 9, vor den Augen der Besucher entstehen lassen. Mit der Unterstützung der Glasbläser haben Besucher sogar die Möglichkeit, ihr eigenes Glas zu blasen. Individueller könnte ein Stück Sauerland zum Mitnehmen wohl kaum sein.

Anreise

Mit dem Auto ist das Sauerland aus allen Himmelsrichtungen gut zu erreichen. Wer aus dem Norden kommt nutzt die Autobahn A 1 bis Westhofener Kreuz und nimmt anschließend die „Sauerlandlinie" A 45 in Richtung Frankfurt. Abfahrten, je nach Reiseziel im Sauerland, sind Kreuz Hagen mit Anschluss an die A 46 Richtung Iserlohn und Arnsberg, Hagen-Süd, Lüdenscheid-Nord, Lüdenscheid-Mitte, Lüdenscheid-Süd und Olpe. Von der A 1 besteht zudem die Möglichkeit auf die A 44 Richtung Kassel (Reiseziele Warstein, Brilon oder Marsberg) zu fahren. Aus westlicher Richtung über die A 1 (von Köln und Düsseldorf) ebenfalls bis Westhofener Kreuz oder über die A 4 bis Olpe. Autofahrer aus dem Süden nehmen über Frankfurt kommend die A 45 Richtung Dortmund und können (siehe oben) über zahlreiche Abfahrten ins Sauerland fahren. Aus Nordosten über die A 33 oder A 2 bis Kreuz Bielefeld und bis Kreuz Wünnenberg/Haaren auf der A 33 fahren. Hier dann die A 44 oder B 480 Richtung Brilon nutzen. Aus östlicher Richtung beim Kasseler Kreuz von der A 7 auf die A 44 fahren.

Mit der Bahn erreicht man die Region über die ICE-, IC- und EC-Fernverkehrsbahnhöfe in Dortmund und Hagen im Westen, Kassel-Wilhelmshöhe im Osten und Frankfurt im Süden. Von hier aus empfehlenswert sind insbesondere die Linie RE 57 (Dortmund-Sauerland-Express) von Dortmund nach Winterberg, die RE 17 (Sauerland-Express) von Hagen über Brilon nach Kassel, die RE 16 (Ruhr-Sieg-Express) und RB 91 (Ruhr-Sieg-Bahn) von Hagen über Iserlohn-Letmathe nach Siegen. Nach Lüdenscheid fährt die RB 52 (Volmetal-Bahn) von Dortmund und Hagen aus. Mit der RB 54 (Hönnetal-Bahn) erreicht man von Unna aus Menden, Balve und Neuenrade. Aufgrund ihrer teilweise recht abenteuerlichen Streckenführung durch enge Flusstäler und Tunnel sind die Sauerländer Bahnstrecken selbst schon eine Reise wert.

Mit dem Flugzeug landet man auf den Flughäfen in Dortmund und Paderborn. Von beiden Städten aus bestehen sehr gute Verkehrsverbindungen ins Sauerland.

Einen Abholservice aus den Städten an Rhein und Ruhr sowie am Bahnhof bieten immer mehr Gastgeber an. Genaue Informationen hierzu erteilen die Gästeinformationen in den einzelnen Ferienregionen. Bahnreisende können zudem das Angebot „Kuriergepäck" der Deutschen Bahn nutzen.

Nützliche Adressen

Auskunft erteilen die jeweiligen Verkehrsämter oder Verwaltungen der Gemeinden und Städte. Diese versenden ebenso wie die regionalen Touristikzentralen auf Anfrage auch Informationsmaterial. Eine umfangreiche Tourismusauskunft, Buchungen, Anfragen oder Prospektbestellungen für das gesamte Sauerland, das Südsauerland und das Hochsauerland bietet der Verein Sauerland-Tourismus in Bad Fredeburg, Johannes-Hummel-Weg 1, Telefon 01802/403040, ● www.sauerland.com. Für das Märkische Sauerland ist der Freizeit- und Touristikverband Märkisches Sauerland (FTV), Heedfelder Straße 45, in Lüdenscheid, Telefon 02351/9666439, ● www.mk-tourismus.de, zuständig. Informationen über das nördliche Sauerland erteilt die Wirtschaftsförderung Kreis Soest GmbH, Hoher Weg 1-3, in Soest, Telefon 02921/302263, ● www.standort-hellweg.de. Der Ruhrverband in Essen informiert unter ● www.talsperrenleitzentrale-ruhr.de tagesaktuell über die Stauhöhen der einzelnen Talsperren im Sauerland. Wer plant, auf dem Möhnesee mit dem Ausflugsschiff nach Körbecke zu fahren, sollte sich hier vorher informieren. Diese Fahrt ist nur bei einem Wasserstand der Talsperre unter 93 Prozent möglich. Informationen zur Wintersport Arena Sauerland und aktuellen Schneehöhen gibt es beim Skiliftverband Sauerland ● www.ski.hochsauerland.de und unter ● www.wintersport-arena.de. Über die nächstgelegene Notdienstapotheke informiert die Apothekerkammer Westfalen-Lippe unter www.akwl.de. Ärztliche Notdienste werden in der Tagespresse veröffentlicht oder in einigen Städten unter Telefon 19292 (mit jeder Vorwahl) angesagt. Die Angebote der Jugendherbergen im Sauerland können unter ⦿ www.djh-wl.de, oder telefonisch unter 02331/9514-0 abgerufen werden.

Danksagung

Ein Dank gilt Björn Othlinghaus für seine Beiträge und Fotos zu Lüdenscheid und Schalksmühle sowie Nadine Reintgen, die beharrlich Informationen zu Orten im Märkischen Kreis und Hochsauerlandkreis recherchiert und lesenswert aufbereitet hat. Außerdem geht ein Dank an die Mitarbeiterinnen und Mitarbeitern der einzelnen Städte und Gemeinden für ihre wertvollen Hinweise sowie den Mitarbeitern des Verlages für die freundschaftliche Zusammenarbeit.

Register

Abtei Königsmünster 116
Altena 55
Anreise 140
Arnsberg 103
Atta-Höhle 91
Attendorn 90
Balve 58
Balver Höhle 58
Berg, Carl 19
Bergwanderpark Sauerland 29
Bestwig 105
Biggesee 39, 90, 99
Bike-Arena Sauerland 26, 45
Bilsteinhöhlen 48, 133
Bob- und Rodelbahn 5, 122
Bremecker Hammer 52, 74, 51
Brilon 107
Bruchhauser Steine . 12, 14, 103, 118
Burg Altena 28, 54, 55
Burg Schwarzenberg 86
Colsmann, Alfred 21
Dechenhöhle 47, 66, 69
Deutsches Drahtmuseum 55, 57
Diemelradweg 43, 44
Diemelsee 124
Drolshagen 92
Elspe-Festival 90, 98
Erzbergwerk Ramsbeck 46
Eslohe 109
Essen und Trinken 22, 139
Ettelsberg 32, 45, 126
Felicitas Stollen 120
Felsenmeer 48, 61

Feste und Veranstaltungen 135
Feuerwehrmuseum 91
Finnentrop 93
Fauna 11
Flora 10
Fort Fun 106
Freilichtbühne Hallenberg 112
Freilichtbühne Herdringen 104
Geografie 6
Geschichte 14
Grube Christiane 46, 125
Hallenberg 111
Halver 60
Heinrichshöhle 48
Hemer 61
Hennesee 116, 117
Herscheid 62
Hochsauerlandkreis 102
Iserlohn 66
Kahler Asten 10, 26, 28, 100
Kierspe 68
Kilianstollen 46, 113
Kleinschnittger, Paul 21
Kletterarena Sauerland 31
Klima 8
Kreis Olpe 89
Kreis Soest 128
Krugmann Brennerei 78
Kultur 16
Land und Leute 12
Lenneroute 43
Lennestadt 97
Listersee 91, 92
Lübke, Heinrich 18, 121
Lüdenscheid 70
Luisenhütte Wocklum 50

Magerweiden 114
Märkischer Kreis 54
Marsberg 113
Maschinen- und
Heimatmuseum Eslohe 50, 110
Meinerzhagen 74
Medebach 115
Menden 76
Meschede 116
Möhnesee 129
Montgolfiade 134, 135
Mühlenkopfschanze 24
Nachrodt-Wiblingwerde 79
Neuenrade 81
Nordenauer Stollen 47, 120
Nordhelle 28, 34, 63
Olpe 98
Olsberg 117
Panorama-Park 96
Persönlichkeiten 18
Phänomenta 72
Plettenberg 83
Reckenhöhle 48
Rothaarsteig 5, 10, 28, 95
Ruhrtalradweg 43-44
Rüthen 130
Sauerland Höhenflug 28, 55, 57
Sauerland Radring 44
Sauerland Waldroute 29, 55
Sauerländer Kleinbahn 50, 54
Schalksmühle 86
Schiefergrube Christine 47
Schmallenberg 119
Seilersee 68
Sorpesee 40, 121
Souvenirs 137
Sport 24
Sundern 121
Upland 124
Veltins Brauerei 138
Warstein 133
Warsteiner Brauerei 22
Wasserfall 32, 102, 128
Wenden 100
Wendener Hütte 101
Wendsche Kärmetze . . . 90, 101, 136
Werdohl 89
Westfälisches
Karnevalsmuseum 77, 79
Wildgehege Mesekendahl 87
Wildwald Vosswinkel 102, 105
Willingen 126
Winterberg 123
Wintersport-Arena
Sauerland 24, 32
Wirtschaft 15

Bildnachweis: Michael Kaub (S.4, 7, 12, 17, 25, 28, 33, 41, 44, 49, 53 unten, 55, 56, 65, 67, 68, 78, 82, 84, 85, 108, 120, 123); Björn Othlinghaus (S. 51, 73, 74, 75),; Klaus Heisler ((S. 58),; Falke: (138); Karsten-Thilo Raab (23 oben, 23 unten, 27, 34, 42, 116,); Sauerland Tourismus (8, 30 (Bobbahn Winterberg Hochsauerland), 37 (Hans-Dieter Wurm), 53 oben (Klaus Deiter), 98 (Hans-Dieter Wurm) ; Willingen (126, 127); Karte: Sauerland Tourismus

Andere lieferbare Titel aus unserem Verlagssortiment:

Schmuck und Bilder aus Haaren
154 Seiten, 246 farbige Abbildungen, 80 Schwarzweißfotos und Zeichnungen
ISBN 3-928327-20-8
Hardcover, Preis 35,- Euro

Ruhrgebiet für eine Hand voll Euro
132 Seiten, 39 Fotos
ISBN 978-3-939408-01-7
Preis 13,90 Euro

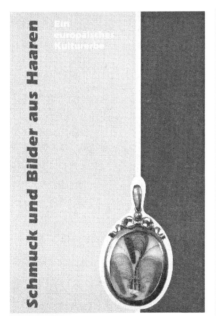

Direkt bestellen!
www.westfluegel-verlag.de
Tel: +49 (0)201-784477

„Viel zu spät begreifen viele
Die versäumten Lebensziele:
Freude, Schönheit der Natur,
Gesundheit, Reisen und Kultur.
Darum, Mensch, sei zeitig weise!
Höchste Zeit ist`s! Reise, Reise!"
(Wilhelm Busch)